从零开始学

价值投资

价值事务所

著

中国铁道出版社有限公司
CHINA RAILWAY PUBLISHING HOUSE CO., LTD.

内 容 简 介

作为价值投资的入门读物，本书提供了一条完整的价值投资学习路径。通过剖析很多投资者对股票投资的错误认知，揭示投资真相，再由此引入价值投资理念，介绍相关基础知识；随后开始价值投资核心内容的学习，包括行业分析、个股分析、财报分析等；在此基础上，进一步深入探讨价值投资中的核心要点，帮助初学者精通价值投资；最后介绍个股分析案例示范及价值投资思想的应用。

为了便于初学者迅速上手，本书在保留核心要点的同时，对价值投资体系里纷繁复杂的内容做了大量精简，而且尽量做到通俗易懂。本书适合投资小白、炒股多年的老股民，以及想向价值投资转型的投资者。

图书在版编目（CIP）数据

从零开始学价值投资 / 价值事务所著 . —北京：中国铁道出版社有限公司，2021. 11（2023.6 重印）
ISBN 978-7-113-27659-1

Ⅰ . ①从… Ⅱ . ①价… Ⅲ . ①股票投资 – 基本知识
Ⅳ . ① F830.91

中国版本图书馆 CIP 数据核字（2021）第 191712 号

书　　名：从零开始学价值投资
　　　　　CONG LING KAISHI XUE JIAZHI TOUZI
作　　者：价值事务所

责任编辑：张亚慧　　　编辑部电话：（010）51873035　　　电子邮箱：lampard@vip.163.com
编辑助理：张　明
封面设计：宿　萌
责任校对：苗　丹
责任印制：赵星辰

出版发行：中国铁道出版社有限公司（100054，北京市西城区右安门西街 8 号）
印　　刷：三河市宏盛印务有限公司
版　　次：2021 年 11 月第 1 版　　2023 年 6 月第 5 次印刷
开　　本：710 mm×1 000 mm 1/16　印张：14.25　字数：176 千
书　　号：ISBN 978-7-113-27659-1
定　　价：69.00 元

前 言

　　A股最好的时代来了，必将创造大量难得的投资机会，关键看我们如何去把握这些机会。

　　房地产，毫无疑问是过去20多年绝大多数人最喜欢投资的行业。接下来20年，股票或许才是最好的投资方向，尤其是A股。股票投资必须用正确的方法，才能获得比较稳定的收益。

　　房地产过去20多年的黄金时代，是改革开放带来的经济高速发展和城镇化率大跃升，加上中国人安居乐业的传统，以及收入增加但投资渠道却比较有限，尤其是房地产行业本身的高周转、高杠杆经营模式等综合因素的结果。但现在中国城镇化率已经超过60%，由于经济增速的换挡，通胀水平也不可能像之前那么高，尤其是"房住不炒"成为主基调，房地产行业的调控成为常态……种种迹象都表明房地产投资的黄金时代已经过去。

　　相反，A股却迎来了高速发展的美好时代。过去20多年，由于A股市场发展不够成熟，波动性较大，加上上证指数编制不够科学，20多年过去了依然只有3 000多点，导致 些股民对A股的认知非常负面，认为A股不具备投资价值。但这几年国家大力支持A股做大、做强，推出了各种支持性政策，包括《中华人民共和国证券法》的修订，推出科创板，推进全面注册制，加大对证券市场违法行为的监管和处罚等。A股正逐渐变得越来越市场化、越来越成熟。可以说，无论是从国家的战略规划层面，还是从发达国家的经验来看，A股未来都将取代房地产，成为股民最好的投资渠道。

既然A股未来会是主要的投资渠道，那么如何做才能把握住股市里的机会呢？选择正确的投资方法尤其重要，而且比以往任何时候都更为重要，因为A股的生态已经发生了巨大的变化。

过去20多年，由于实施的是发行审核制，A股是典型的股少钱多，一旦牛市来了就是大行情。所以，过去A股市场非常流行炒作新股、炒作小市值股票，这些投资模式曾经都是一些收益率和成功率非常高的模式。但随着注册制的全面推进，股票供应量大增，加上投资者结构的变化，过去的这些模式彻底"玩"不转了。

现在机构投资者已经掌握了A股的话语权，随着股票数量的不断增加，引发的择股难度加大，市场更偏向于基本面优秀或者未来发展前景更好的公司，之前的炒新、炒小模式完全行不通了，在A股市场上进行价值投资成为必然的选择。

价值投资，很多投资者都听说过，但选择这个投资方法的股民却不多，原因是在很多人的认知里，它是很难学的，光一个财务分析就劝退了无数人。但这种认知是存在很大偏差的，价值投资确实是基于基本面的，但绝非教条，比如一定要做商业模式分析和财务分析等。

价值投资的理论依据是价格终将回归价值，但它最根本的要义是追求投资的确定性，而且这个确定性一定是基于短期不会发生重大变化的事实，而非K线、消息等不可控因素。任何可以提高投资品种确定性的方法都可以归为价值投资的范畴，也就是去找到投资品种背后的价值所在。当然了，价值投资也并不容易，事实上，股票投资本来就是一件非常困难的事情，但也绝对没有很多人想象中的那么难，关键是如何踏出第一步，而这也是我们写作本书的初衷。

正是因为看到了很多投资者对价值投资的认知偏差，以及学习价值投资方面遭遇的困难，价值事务所团队才撰写了本书。

本书共七章，第一章主要剖析投资者对于投资的错误认知，揭示投资的真相及做价值投资的必要性。

第二章开始介绍价值投资，指正很多投资者对价值投资的认知偏差，并介绍学习价值投资需要掌握的一些知识。

第三章开始正式进入价值投资的学习，也是价值投资学习中最核心的内容，包括行业分析、个股分析、IPO招股说明书和研报的阅读技巧等。

第四章是财报分析技巧，做价值投资并不代表一定要做财报分析，但要想真正精通价值投资，财报分析技巧却也是必须要学习的。

第五章则是在初步介绍价值投资的基础上，对价值投资的几个要点做了更加深入地剖析，助力投资者精通价值投资。

第六章是价值投资实战，通过一些优秀企业的分析案例，帮助大家更好地学会如何分析一家上市公司。

第七章主要是价值投资思想的应用。价值投资严格来说不只是一个投资方法，更是一种投资思想，可以在很多领域里应用，关键是我们如何融会贯通。

为了便于初学者入门，本书在保留价值投资核心内容的同时，也做了大量的简化，包括把行业分析和个股分析梳理成简易的分析框架，初学者只需要跟着框架一步一步做分析即可。同样，对于很多人最害怕的财报分析，本书也做了大量简化，只挑选公司基本面分析中几个最重要的指标进行介绍及应用示范讲解，真正做到了简洁而不简单。总体来说，本书很好地平衡了专业性和可读性，非常适合作为价值投资者的入门书籍。

　　本书是价值事务所团队投资体系的结晶，撰写的过程中也跟一些行业大家做了一些经验讨教，尽可能保证内容的专业度，但囿于团队成员的能力，内容难免有疏漏和错误之处，恳请广大读者批评指正。

作　者

2021年7月

| 目 录 |

第一章　投资没有那么容易　/　1

一、绝大多数散户都会亏损 / 2

二、很多人低估了股市里赚钱的难度 / 4

三、投资非常专业, 但专业却不代表一定能赚钱 / 7

四、股市里, 努力的方向若不对, 越勤奋, 越容易亏钱 / 9

五、价值投资是绝大多数投资者唯一的出路 / 11

第二章　从零认识价值投资　/　15

一、股票投资方法的流派之分 / 16

二、做价值投资, 真的可靠吗 / 19

三、实际上, 做价值投资, 没你想象中的那么难 / 22

四、做价值投资, 就是用做生意的方式来做投资 / 24

五、要学会价值投资, 这些基础知识你要学会 / 27

第三章　价值投资简易入门　/　31

一、新手学习价值投资时最常遇到的困难 / 32

二、简单却非常有效: 通用价值投资分析框架 / 35

三、选对行业, 成功一半: 简易有效的行业分析框架 / 38

四、好公司是核心: 简易有效的公司分析框架 / 44

五、便宜才是硬道理: 简易有效的估值方法 / 46

六、从哪里寻找合适的投资标的? 次新股板块是个大宝藏 / 50

七、想要研究透一个公司, 请把 IPO 招股说明书读十遍 / 53

八、案例: 如何用正确的方式阅读招股说明书 / 56

九、学点读研报的技巧, 让券商来帮你研究公司 / 72

十、想要做好价值投资, 就要在生活中做个有心人 / 75

第四章　价值投资进阶，从读懂财报开始 / 79

一、为什么做价值投资必须学会分析财报 / 80

二、财报分析可以非常简单 / 82

三、从分红融资比，看一家公司的良心程度 / 86

四、一家公司行不行，关键是在大环境不好时能不能"活"下去 / 91

五、上市公司常用的造假手段 / 97

六、这几个指标，透视公司的业绩及竞争力 / 108

七、上市公司业绩的"照妖镜"：现金流 / 115

八、最关键的综合性指标：ROE / 119

九、举例：手把手教你分析上市公司的财报 / 122

第五章　精通价值投资 / 133

一、不是长线持股就叫价值投资，价值投资也不一定长线持股 / 134

二、做价值投资，同样需要做买卖点选择 / 135

三、做价值投资，同样需要做仓位管理 / 138

四、价值投资中的确定性和不确定性 / 141

五、做价值投资，该如何面对投资效率的问题 / 144

第六章　价值投资实战 / 147

一、贵州茅台：好行业好公司的代表 / 148

二、小熊电器：从生活中发现牛股 / 152

三、海天味业：消费行业容易出大牛股 / 158

四、迈瑞医疗：医疗器械行业要用心挖掘 / 164

五、杭叉集团：从社会热点发现投资机会 / 171

六、恒生电子：中国资产证券化受益者 / 178

七、利安隆：化工股里有黄金 / 183

八、玲珑轮胎：从周期股中挖掘金子 / 190

第七章　价值投资思想的应用 / 201

一、稳赚不赔的可转债投资 / 202

二、极简买股买基金赚钱法 / 212

三、一个很棒的炒股思路 / 216

第一章

投资没有那么容易

在股市里，很多投资者都有一个非常"致命"的错觉：认为投资赚钱很容易。而事实上，股票投资门槛极低，门槛越低，意味着竞争越大，成功率越低。要想取得投资的成功，第一步就是要深刻认识到投资并不是一件容易的事情。

一、绝大多数散户都会亏损

股市里有一句话叫一赚二平七亏损，意思是在股市里，绝大多数投资者都是亏损的，赚钱的只是少数人。股市里投资分股票投资、基金投资、期货投资、期权投资等，除了基金投资会好一些之外，毕竟基金是交给专业的人去打理，而且基金不太适合做短线，交易频率降下来后，基金投资赚钱的概率会有所增加，但要好到哪里去也难，最多也就是一半赔一半赚。其他的很可能就是遵循一赚二平七亏损的定律了，亏损是绝大多数散户的宿命。

这句话听起来非常残忍，很多人是不愿意相信的，可这就是股市的真相。没有办法用准确的数据去证明这句话的准确性，但却可以用另一种方式去证明：亏损确实是大多数散户都会经历的。

生物学中有一个概念叫作食物链，意思是在一个生态系统里面，会形成一条完整的食物链：食物链分为很多营养级，低营养级为上方的高营养级提供养分，最底层的营养级为上面所有营养级提供养分，最高营养级通吃下面所有的营养级，如下图所示。

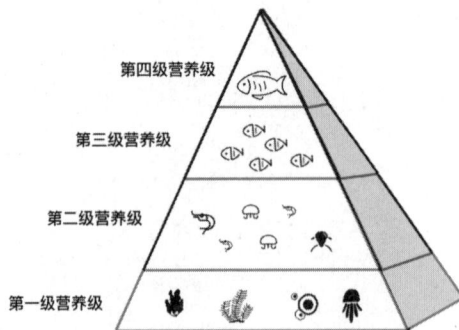

不只是大自然里会有生态系统，人类社会也有自己的生态系统，每一个领域都有自己的生态系统。同样的，股市也是一个巨大的生态系统，里面也存在着显而易见的食物链关系，如下图所示。

根据上面食物链的概念，最底层为上面所有层级提供养分。也就是在股市的生态系统里，散户就是为上面所有机构提供养分的，散户所处的层级已经决定了他们最终的命运了——绝大多数散户都是亏损的。

那么散户如何改变命运呢？

想要从根本上改变命运有三个方法。

第一，离开这个市场，它也就伤害不到你了。但这个市场这么好玩，机会有这么多，关键是现金一直是在贬值的，手里的钱还是要想办法保值，所以是不可能轻易离开的，对绝大多数人来说这不是一个好办法。

第二，想办法脱离自己所处的层级，往上面的层级爬，比如成为行业从业者，或者个别天赋异禀的，靠着自己的努力和天赋，成为大户或者游资，甚至成立相关的机构，那也可以极大地降低亏损的概率。

第三，充分认识到自己作为散户所处的天然劣势地位，然后加倍小心，尊重市场规律、尊重大趋势，绝不逆趋势而行。后面我们会讲到具体的方法。

在这里你只需要记住的是：谨记自己散户的层级，这种层级决定了自己天然处于劣势地位，因此必须懂得敬畏市场，学会借助趋势的力量，借助市场的规律。

二、很多人低估了股市里赚钱的难度

很多人平时生活中非常精明，买一个东西之前会仔细研究产品的各种性能参数，而且习惯砍价、还价，甚至在买菜的时候，为了一两角钱也可以砍价半个小时，但很奇怪的是，当他们买股票的时候，不论是几千元，还是几万元，甚至几十万元，却往往不假思索，连买入的股票是做什么的都不清楚。为什么差别会如此巨大呢？

原因可能有两个：一是对股票不熟悉，不像实物产品，股票就是一个代码而已，尤其是新手股民，他们大多数都不知道从哪里着手去研究一只股票；二是很多新手股民是听别人的建议买卖股票的，很可能是听到谁说某只股票好，买了能赚钱就买入了，而且很多股民买入的时候，脑海中想的都是会赚多少钱，没有想过会亏多少钱的问题，因此才会特别勇敢，在对一只股票没有任何了解的情况下，就敢重仓，甚至全仓。

总之，归根结底，很多股民尤其是新手股民，是严重低估了股票投资赚钱难度的！那么，股票投资赚钱难吗？

这几乎是毫无疑问的。因为股票投资几乎没有门槛，只要年满18岁就可以开立证券账户参与，门槛越低的事情，竞争一定越高。如果炒股赚钱很容易的话，门槛如此之低，那大家都去炒股了，这明显是不符合常理的。事实上，股票投资的难度不会比其他行业低，想要在股市里取得一定的成就，需要付出的心血不会比在其他行业里少。

可是为什么明明很简单的道理，很多人还是乐此不疲地认为自己会是炒股的天才，每天各种追涨杀跌，最终亏损累累，很大的原因就是没有看清楚一个真相：K线是"魔鬼"。

K线应该是股民最熟悉的股市符号了，也是很多人走进股市的原因之一，红红绿绿的，煞是好看，但很多人不知道的是：K线其实是"魔鬼"，至少对于绝大多数投资者来说是"魔鬼"。

红红绿绿的K线，起起伏伏的波浪走势图，就像一幅有魔力的绝美画面，把股民牢牢地捆绑在屏幕前，一刻也离不开。很多股民在交易时间，不管有什么事情，都要看完盘再说，一到周末更是百无聊赖，感觉做什么都不如炒股来得有劲儿。

更要命的是，花花绿绿的K线无时无刻不诱惑着人们去做交易，大阳线、大阴线、涨停板、跌停板，会急剧放大人性深处的贪婪和恐惧，引诱人频繁去操作，而操作越多，基本上就是亏得越多。连续涨停板那种走势就更不用说了，会把很多人的理智全部冲垮。

股市是一个很神奇的地方，并非越勤奋，交易越多就赚得越多。事实上，可以说恰恰相反，对绝大多数人而言，越勤奋，交易越频繁，亏损的概率就越大。

为什么买房的人很少亏钱，而炒股亏钱的却特别多，除了过去中国房地产持续了十几年的大牛市外，很重要的一个原因就是交易频率的问题。房子的买卖金额大、交易时间长、流程多，所以很多人买了就不会动。如果房子的买卖也像股票买卖那样方便，肯定也会有很多人因为买房亏大钱的。

当然，也不是说K线就一无是处，从K线上，可以非常直观地看历史价格走势，从技术面的角度讲，历史走势对后续的走势有一个参考作用，但一定要清楚K线的价格走势仅供参考，不能沉迷，不然就会走入歧途，因为价格的根本决定因素还是价值。

股市中价值和价格的关系，就像遛狗时人和狗的关系：价格有时高于价值，狗跑在人前；有时低于价值，狗跑在人后；但迟早会回归价值，狗会回来。

趋势投资者喜欢追着狗（价格）跑；价值投资者喜欢跟着人（价值）走，耐心等狗跑累了回到主人身边。有时候，狗跑离主人的距离之远、时间之长会超出你能忍受的范围，让你怀疑绳索是否断了。但其实绳索只是有时比你想象得长，却从来不会断。

价格终究会回归价值，是非常简单的道理，就像生活中，一分钱一分货，在市场经济下，价格都是符合价值的，不可能长期偏离价值。

可这简单的道理，在股市里却很少有人愿意相信和遵守：一个公司的价值，短期是不可能发生重大变化的，但股价却可以在短期内有极大的波动。比如一个题材起来了，龙头股可以短期就大涨几十点、翻一倍、甚至翻几倍。

但公司的内在价值有可能短期就翻几倍吗？肯定不可能，市场就是在炒作预期而已，但预期离实现还有十万八千里，而且绝大多数预期都是不可能实现的。结果就是题材炒作结束后，市场开始回归理性，那些短期爆炒的股票开始漫长的价值回归之路，也就是漫长的下跌回调。

但这种题材炒作吸引力太大了，连续涨停板就像魔鬼一样，吸引了一批又一批的股民前赴后继地参与这种比谁跑得更快的游戏，可惜散户一般都是跑不赢主力资金的。大多数散户的结局就是不断地追涨，不断地割肉，最终亏损累累，直到对股市丧失信心，退出股市。

要想跳出这个魔咒，就必须要认清K线是"魔鬼"这个真相，把更多的时间花在研究公司上面，去追求更具确定性的东西，而不是放在押注K线的短期走势上面。K线应该只是作为股票买卖点判断的辅助而已，不应该成为主角。

如果你能做到这一点，你就能在股市里走得更远。

读了以上内容，希望大家开始有一个意识：想要通过股票投资赚钱绝对不容易！买股票和买其他商品也没有太大的差别，同样要看价格是否合理，而且由于股票买卖跟资产关系大，在投资中大家要更加谨慎。

三、投资非常专业，但专业却不代表一定能赚钱

投资是一件困难的事情吗？

毫无疑问，这简直是一个难如登天的事情。因为投资几乎可以说是一个完全没有门槛的事情：只要有身份证，只要年满18岁，就能开户炒股或者买卖基金。而我们都知道：越是没有门槛的事情赚钱越难，因为竞争激烈。据中登公司（中国证券登记结算有限公司的简称，是专门负责证券账户、结算账户的设立和管理，以及证券的存管和过户，证券和资金清算交收及相关管理工作的机构）的数据，截至2019年底，A股投资者数量已经超过1.6亿。这1.6亿多的投资者，有很多是机构、大户，他们不论是在信息方面，还是资金量、专业度，都比你有优势。你凭什么认为自己可以竞争得过其他1.6亿的投资者？

而且竞争对手众多，只是困难的原因之一，导致投资非常困难的另一个原因是：它属于非常专业的事情。投资里涉及的因素太多了，你只有对涉及投资的方方面面都有一个非常专业的了解，获胜的概率才大。散户在这方面天然处于劣势地位，单凭自己单打独斗，大概率就是亏损累累。

　　相比炒股，买基金对绝大多数人而言是一种更好的方法，相当于你不再以一个散户的身份去和其他人竞争，而是把钱交给比你更专业的人去打理，胜率会提高很多。但这还不够，虽然已经交给了比你更专业的机构去打理，但这个机构也需要和其他更厉害的对手竞争。

　　更令人绝望的是，如果说投资只是一件非常专业的事情，那还好办，无非学习就是了，更残酷的一点是：虽然投资是一个非常专业的事情，但却不意味着越专业就一定越赚钱。前面食物链的内容已经说明了——你所处的层级很大程度上决定了你的竞争地位。所处层级比你高的，所具有的优势就会比你大得多，所处层级低的你再怎么专业也很难比他们更专业。

　　那是不是代表着越专业，所处层级越高的机构，就一定能赚钱？答案同样是否定的，虽然专业机构所处的层级和专业度让他们的胜率大大提高，但也不代表着就一定能赚钱，要不然也不会有那么多巨亏的公募和私募了。原因是同样专业的机构太多了，机构之间也面临着残酷的竞争，最重要的一点是：资本市场的不确定性太大了。

　　股市的走势是亿万投资者合力的结果，世界上没有任何的计算机可以推演出这么多投资者未来的交易行为，以及由此产生的结果。换一句话说就是：投资中是没有100%确定的事情的，请牢牢记住这句话。投资不像考试，只要懂得越多，分数就越高。股市里，专业跟赚钱没有必然关系，不是你懂得越多、越专业就越赚钱，只能说你越专业，亏钱的概率会小一些。

　　事实上，对于绝大多数普通上班族，非常不建议在投资上花太多时间和精力，把那个时间和精力投入自己更感兴趣、更擅长的事业上，回报会更明显，因为那些事情是有积累效应的，做得越多，收获的概率就越大。比如做销售工作，跑的客户越多，最终成交的概率就越大，赚到钱的概率就越大。投资却不是这样子的，甚至有可能你花的时间越多，最终收获却越少。

可惜的是，很多人低估了投资赚钱的难度，尤其是新手股民，他们往往都是由于牛市的赚钱效应进入的股市，很容易产生一种进了股市就能发大财，自己就是"股神"的错觉。但当牛市离开的时候，他们开始感受到了投资赚钱的难度和自己的不专业。于是开始恶补投资方面的知识，却因为没有想明白资本市场并非越专业就越赚钱的道理，很容易迷失在亏损的原因是自己不够专业—加强专业知识学习—继续亏钱—继续学习的循环里。

可惜的是，学习一些投资的专业知识，可能会让他们心里好受一点儿，但却不一定能解决赚钱的问题。如果专业知识学习方向不对的话，比如沉迷于学习各种技术方法，那大概率是无法跳出亏损的逻辑怪圈的。

只有认清楚资本市场的真相，用正确的方法去做投资，投资才能真正上道，也才能有希望走出投资就是亏损的怪圈。

四、股市里，努力的方向若不对，越勤奋，越容易亏钱

有一句话叫：越努力，越幸运。这句话在大多数情况下都是适用的，但在股市里却并不适用。对于绝大多数投资者而言，甚至刚好相反：越努力，越勤奋，越亏钱。原因何在呢？先看大多数投资者在股市里是怎么勤奋的。

他们要不就在研究图形，包括K线、趋势线、成交量、数浪等；要不就是在研究庄家的行为、龙虎榜、大单资金等；要不就是在研究题材，今天这个题材，明天那个题材，每天追逐于不同题材之间，不亦乐乎；要不就是在打探小道消息，

某某上市公司将有大动作；要不就是在听各种各样的财经新闻，以期从上面找到"宝贝"。

总之，他们每天都很忙，甚至从早忙到晚，比职业投资者还忙。只是他们从来没在了解公司上多花一点儿时间，甚至连很多公司是做什么的，有什么产品都不知道。在他们眼里，股票只是一个投机的代码而已，背后的公司做什么的又有什么关系，何必费心思去了解。

可惜往往事与愿违，他们足够勤奋，却逃不了股市里一赚二平七亏的定律，绝大多数人在股市里都是亏损累累的，原因就是他们勤奋的方向错了，就跟回家一样，如果方向相反，走得越快，离家越远。他们没有想清楚：股票投资是一个与概率相关的游戏，应该努力的方向是想办法提高确定性，而单纯技术层面的东西根本无法提高确定性，而且随着A股市场的逐步成熟，这一点会越来越明显。

那么投资者该如何确确实实提高赚钱的确定性呢？必须要回归证券投资的本质。股票是什么？股票是股份公司的凭证，持有股票就可以享受不定时的分红和企业发展所带来的股权溢价收益。其实买股票就是花一笔钱入股别人的公司，相当于合伙做生意，只不过自己只是出资，不参与经营而已。

很多人在投资入股别人的公司之前都会非常谨慎，会想办法了解清楚那个公司是做什么生意的、是不是一门好生意、赚不赚钱等。只是在股市里，由于投资入股和卖出退资太简单了，很多人都忘了或者不顾这一点了，只是频繁地买卖，希望可以一夜暴富，结果往往却是不断地追涨杀跌，亏损累累。

要想改变这个格局，就要在心里牢牢记住买股票就是出钱投资一门生意的本质，因此要努力的方向，就是要深入地去了解公司：公司做的是不是一门好生意？生意模式是简单还是复杂？离钱近还是离钱远？行业的空间大不大？利润高不高？现金流好不好？行业竞争情况如何？行业的上下游是怎样的？公司在行业的竞争力如何？公司经营业绩如何？公司后续的订单情况？公司管理层可靠不可靠？公司的发展潜力如何？抗风险能力如何？投入后预计多久能回本？投入后会不会血本无归？

发现没有？对股票投资的行为换一种思考方式，要努力的方向就会完全不同：如果把股票当作一个价格符号，由于决定价格的因素太多，再怎么努力都无法完全掌握决定股票运动方向的因素，结果就是投资股票跟赌博差不了多少，长期的胜率也不会很高，并且很容易陷入追涨杀跌的怪圈之中，最终亏损累累；以投资做生意的角度去看待股票，聚焦的是股票背后的公司做的生意，越努力，对公司和行业的了解就越深，确定性就会越高。这道理很好懂：只要一个公司做的是一门好生意，用合适的价格去参股一个公司，赚钱的概率就会非常大。

如果你有志于在股市里生存，那就要想办法去追求股市里本真的东西，而价值决定价格，就是本真的东西，千万不要去追求价格符号那些虚无缥缈的东西，不然就是越努力、越亏损。

五、价值投资是绝大多数投资者唯一的出路

不知道大家有没有发现一个现象：生活中很多人都是有自知之明的，比如找对象、求职的时候，都清楚自己几斤几两，会找跟自己条件相匹配的，但在股市里，人人却都觉得自己超级厉害，自己可以在股市里大赚特赚，会是下一个"股神"。于是，很多人在对股市几乎没有什么了解的情况下，就义无反顾地"杀"进了股市，在对一个公司是做什么都不了解的情况下，仅仅是因为个股盘中涨了，或者

是看着图形不错，或者是听到别人说好，就重仓下注，甚至借钱炒股。

这是一个很有趣的现象，为什么生活中大家都有自知之明，到了股市里就选择性失明了？是因为投资真的很简单，进去了就可以发财吗？显然不是。刚好相反，投资应该是世界上最难的事情了，这是一个几乎没有门槛的行业，几亿人在里面"厮杀"，市场里面汇集了全球最聪明的头脑，为了赚钱他们用尽了各种办法，里面的二八定律比其他行业还要更严重，这就决定了绝大多数人在股市里面是不赚钱的。道理很简单：一个没有门槛的行业，如果人人都能赚钱，这样的行业必然不存在，即使存在，平均利润也会极低。

以上"有趣"现象出现的根本原因是：很多人被赚钱的欲望冲昏了头脑，低估了资本市场赚钱的难度，或者说高估了自己，都认为自己可以在股市里很轻松地赚钱，股市就是一个"提款机"而已，这是一个非常致命而且魔幻的错觉，也是绝大多数股民亏损的开始。

其实很多人进入股市之前对资本市场是没有任何概念的，只是牛市的时候听身边的朋友说炒股很赚钱，于是开户进入股市。而大多数人都赚钱的时候，市场必然已经处于比较高的位置了，所以新手股民很容易被套在高位，等待他们的只有漫长的回本之路。有些人会从此开始领悟资本市场的残酷，从此以更加谨慎的方式对待资本市场，而有些人则执迷不悟，认为自己只是短线技术不精，继续修炼短线技术，当然结果大部分还是继续大亏特亏。

资本市场里的诱惑太多了，从来不缺神话，比如8年1万倍之类的造富奇迹，不断刺激着人们的神经，让人们认为自己也可以成为一个短线高手，于是不断地杀进杀出，直到最终亏损累累。

无可否认，资本市场里确实有神话，8年1万倍的神话也确实存在，从几万元钱炒到几千万元，毕竟几十亿人里出一些天才是非常正常的事情。但关键的问题是：你属于那个天才吗？肯定会有传奇，但很多人也就是普通的投资者而已。

既然是普通投资者，那应该就得有普通投资者的觉悟：想想自己凭什么能在竞争残酷的资本市场里活下去？答案就是：认清自我，实事求是，谨慎应对股市，降低收益预期。而途径基本只有两种：要不就是买基金，专业的事情交给专业的人来做；如果是自己炒股，那就选择价值投资，因为这是绝大多数投资者唯一的出路。为什么说价值投资是绝大多投资者唯一的出路呢？

首先，价值投资不论是学习还是实践，都比技术投资来得要难。技术投资主要就是看各种K线、均线、指标等，很好上手，学几天就可以看盘。但价值投资主要是研究企业的基本面，包括公司业务、财报分析、估值分析等，相对比较专业，入手就比较困难，精通就更难了。竞争对手也就少一些，投资者的胜率加大。

其次，价值投资着眼的是企业的基本面，把买股票当作是投资合伙做生意，追求的是企业未来的盈利、投资的安全，所以筛选标的会非常谨慎，投资周期也都比较长，总体上更安全，获胜的概率会加大。而且资金量越大，对确定性要求就越高，长期来看，如果资金量够大了，都是要往价值投资的方向转的。

就历史的大趋势而言，这也是必须要走的路。随着中国资本市场注册制的推进，股票数量越来越多，后面市场的局部行情会越来越明显，优秀的公司会不断地得到市场追捧，垃圾股越来越无人问津，以后的市场对做价值投资的人来说会越来越友好，对于盲目追涨杀跌的技术投资者来说会越来越糟糕。

在资本市场里，人很难不浮躁，都想一夜暴富，但现实却是慢慢来会比较快，来得快去得也快，沉下心去学习价值投资，去选择优秀的公司，和优秀的公司一起成长，才是资本市场投资的正途，而这也是为什么很多投资者最后都会回归价值投资这条路的原因，因为它是绝大多数投资者唯一的出路。

第二章

从零认识价值投资

要想真正掌握价值投资，从零开始认识价值投资就非常必要，认识的内容包括价值投资的含义、流派及相应的基础知识，尤其要深刻理解和认同价值投资并不是一件特别困难的事情，至少没有很多人想象中的那样难。基本上只要学习了本章，你就不会再惧怕学习价值投资了。

一、股票投资方法的流派之分

武侠小说中，武林人士分很多门派，每一个学武之人都要选择一个门派拜师学艺，比如峨眉派、武当派、少林派等。然后在各自的门派里接受系统的训练，由于个人天赋和努力程度的不同，最终有的人学了个皮毛，有的人成为了高手或者顶尖高手。当然了，也有极少数人，会在前人的基础上，自己开宗立派，成为一代宗师。

同样的，如果把炒股比作江湖，这个江湖也分成好几种门派，最典型的就是价值投资派和技术投资派，这两派各自有什么核心秘籍？两者之间又有什么差别？哪一派更适合普通投资者呢？

证券市场最开始的时候，根本没有什么流派可言，因为股票很少，有股票买就是了，后面随着证券市场的不断发展，股票数量越来越多，该买什么样的股票又该什么时候卖，就慢慢延伸出了很多方法，也就是所谓的流派。不过归根到底，每一个流派的体系建立都是基于两个问题：买什么股票？什么时候卖？根据对这两个问题解答的不同，投资者大概可被分为价值投资和技术投资两派。

价值投资派认为股票就是公司的股份凭证，股价的上涨就是公司经营越来越好的结果，而且由于公司短期基本面不会有太大变化，所以要长时间持有。总之就是要长期持有好公司的股票，除非公司基本面发生变化，比如经营出现问题了，或者是随着股价的上涨，估值变得太高，或者是发现了比持仓更好的公司才会卖掉。

总之，价值投资派的买卖抉择都是根据公司的基本面来的，在这个流派里，根据买入价格的不同，又细分出两个分支：一派是做价值股，认为好东西也不能买得太贵，只有股价比公司的内在价值低才可以买；一派是做成长股，认为公司必须具有成长性，否则再便宜也没用。

价值投资派的开山鼻祖是格雷厄姆，他的《证券分析》更是被无数价值投资者视为开山之作，一举奠定了价值投资体系的基础。在《证券分析》之前，市场上根本没有价值投资一说，要不就是技术派，要不就是消息派，也许有一些投资者秉持价值投资的理念在做投资，但他们却不知道自己的理论依据。格雷厄姆自己一个人生生地将证券行业分析往前推进了一大步。

至于我们更为熟悉的巴菲特，虽然被公认为价值投资的集大成者，但其实反倒在这个价值投资的分析体系上没有太多的贡献，主要是他不出书，所有关于价值投资的理念都是通过一年一度的股东大会致股东的信，以及股东大会上的一些问答流露出来的。但他本人到现在并没有一个完整的体系出来，只是由于他巨大的成就，知名度更高，成为价值投资最好的代言人。正是因为他的成功才使得价值投资的理念在全世界范围内大行其道。

上面说了价值投资的买卖行为是由公司的基本面决定的，但基本面看不见、摸不着，对很多投资者来说非常不友好。在证券交易有了图形，也就是K线图发明之后，尤其是随着互联网的发展，股票行情随时可以触达之后，大家发现这些红红绿绿的K线走势背后似乎隐藏着一些规律，于是就有人把这些规律总结下来，作为买卖的参考，由此衍生出技术投资派。技术投资派的买卖决策，完全是基于图形走势来决定的，技术派中又分很多种，有人就只看K线（裸K），有人会看均线，有人会看指标，比如MACD、布林轨之类的。

价值投资派对技术投资派看图形炒股的思路是无法赞同和理解的，因为他们觉得走势是不可预测的，是没有规律可言的，那么技术派是不是真的就一无是处，行情的走势真的就没有任何规律可言，根本没有办法预测？

应该说，技术投资也不是完全没有道理，很多行情也是有一些规律可循的，因为市场归根到底是所有人的交易决策的最终结果，尤其在行情非常极端的情况下，它就是人性的根本体现，而人性千百年来都是一样的，所以行情在有的时候是有一定的相似性的，是可以粗略预判的。

几百年来，股票市场衍生出了各种各样的投资方法，归根到底是上面两派，但其实还有很多知名或不知名的方法，价值投资流派与技术投资流派也是经常相互攻击、相互看不起对方。不过在我们看来也没有必要去纠结哪一种投资方法更好，因为我们来到这个市场是为了赚钱，不是说为了选一种方法，如果一种方法能让你持续地赚到钱，那它就是好方法，管它是什么方法。每个人的特质不同，适合的方法也可能会不同。

所以，在学习股票投资方法的时候，为了了解自己更适合哪一种方法，也可以都先系统学习一下，然后在实际操作中去看看自己更适合用哪一种方法，哪一种方法能让自己持续地赚到钱，那就使用那种方法即可，不用管别人怎么说他们的方法好还是不好。牢牢记住：你来到这个市场是要来赚钱的，其他的都是无关紧要的事情。

不过有一点是非常肯定的，长期来看，做价值投资的成功率会更高，选择优秀的公司耐心持有，等待市场给予回馈，对绝大多数投资者而言才是最可靠的方法，其实不光是普通投资者，绝大多数的投资大师、基金经理，也都是选择价值投资，因为这最接近投资的本质。这也是为什么我们在大力宣传价值投资的原因。

二、做价值投资，真的可靠吗

　　巴菲特的传奇故事在中国已经传了几十年了，价值投资的理念已经渐渐为大众所知，也被一部分投资者接受，但还是有相当大的一部分投资者对此不以为然，嗤之以鼻的也不少。在他们看来：在中国做价值投资根本不可靠，A股根本就不适合做价值投资。

　　他们的理由如下。

　　第一，A股波动太大了，都是短期一两年大涨一波，然后又陷入几年的漫长熊市，典型的牛短熊长。打开上证指数的走势就能清楚看到，近30年的行情，现在还在3 000点附近，依然徘徊在2007年的水平，更不要说2007年的历史高点什么时候能破（见下图）。在这种市场走势之下，如果不注意及时收割，很容易就来来回回坐电梯，根本不适合做什么价值投资。

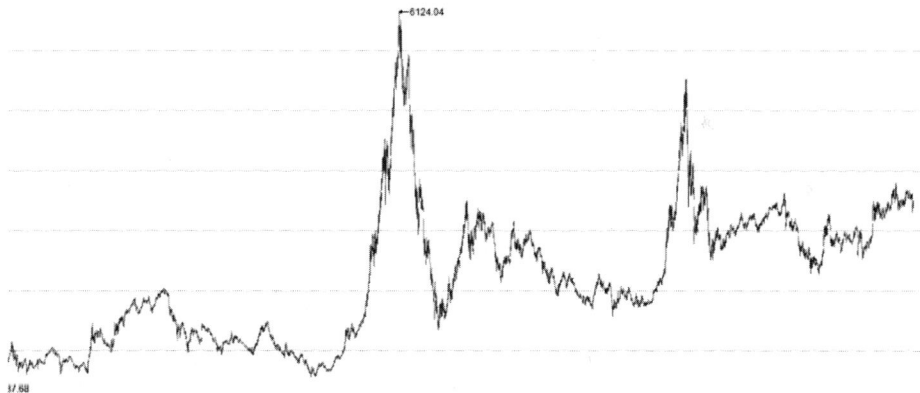

　　第二，由于A股的监管不完善，有些上市公司的财报也经常被"粉饰"，而财报分析是价值投资者分析股票时极其重要的一环。如果根子上都错了，那么价值投资就无从谈起。

　　第三，A股的发行机制是审核制，典型的严进严出，上市很难，退市也很难，股票数量比较少，导致优质的股票更少，充斥市场的是大量的垃圾股。要从一堆垃圾股里挑选出长线持有的优秀股票太难了，所以这么多年A股里能走出长线牛市行情的股票数量太少了，最知名的也就是贵州茅台、格力电器、万科A等。没有几个投资者具有这种从一大堆垃圾里挑选出金子的能力，你以为自己挑选到的是金子，结果很可能是垃圾，盲目长线持有的结果很可能就是巨亏、破产，所以价值投资根本不适合A股。

第四，A股市场化程度不高，结果就是A股市场题材横行，只要在政策风口上，市场都是各种疯狂炒作，根本不看基本面。而那些公认的价值股，都在角落里无人问津。看着一堆垃圾股股价涨上天，自己的绩优股却一动不动，体验太差了，A股就根本不适合做价值投资。

应该说，上面提到的A股不适合做价值投资的理由都是事实，但却也不能就此认为A股不适合做价值投资，原因有以下几个。

第一，很多人对价值投资还是存在误解。最典型的就是上面的反对意见中体现出来的。比如，认为价值投资就是长线投资。这是最典型的误解，因为巴菲特也说过，如果你没有持有一个股票10年的打算就不要持有10分钟。其实长期投资是一个被动的结果，而不是成功的原因。价值投资者往往持有股票周期比较长是因为股票基本面依然优秀，依然适合持有。如果说买入股票后没多久，标的就发生了重大变化，比如经营层面出了问题，后续的业绩确定性变小，短期就突然大涨，使得估值变得太高，或者是发现了更优秀的股票，那么一般也是要卖掉股票换股的。

第二，应该要懂得换个思路去看待事物。比如很多人认为A股波动太大不适合做价值投资，在价值投资者看来，恰恰相反：大波动就是大机会。在成熟市场，由于参与者是以机构为主,市场上优秀的股票都不可能很便宜,也不可能贵得太离谱,想要获得超额收益很难,基本上只能耐心持有等待个股给予一定的价值回馈。而A股由于波动非常明显,这就给了价值投资者捡便宜的机会。他们可以在优秀股票被市场错杀的时候捡便宜,在牛市的泡沫里逐步离场,获得超额收益。而且由于A股的波动周期比较明显,相当于给价值投资者多次捡便宜的机会。又比如A股由于股票数量比较少,退市制度不完善,导致优秀股票比较少,虽然加大了挑选难度,但其实也正因为少,他们反而享受到了溢价。

第三,制度层面。应该说过去由于A股各项制度不够完善,加上投资者结构又以散户为主,相比于欧美等发展了一两百年的证券市场,确实不够成熟,存在很多弊端,对中小投资者也确实造成了比较大的伤害。但这些年A股也在不断完善之中,包括完善了相关的法律法规,以及证监会和交易所的监管力度也都大大提升了。接下来A股里证券犯罪成本会加大,另外,随着注册制的推进,股票供应和退市力度也会加大,优秀股票会越来越多,投资者结构也在逐步地去散户化,A股以后也将越来越稳定,未来将越来越适合做价值投资。

A股固然有种种问题,但这绝对不是A股市场不适合做价值投资的理由。基本上可以这么说:稳定向上的经济体里的证券市场都适合做价值投资。道理很简单:只要这个经济体有着稳定的发展环境,并且有着健全的法律来保护经济的发展,上市公司也就具有稳定盈利的外部环境条件,公司盈利就会分红,那么投资年化收益率高的企业就是价值投资。

中国改革开放四十多年,创造了人类历史上的经济发展奇迹,一大批中国企业成为巨无霸,甚至是全球性的大企业,在这个过程中很多也给股东创造了不菲的收益,怎么就不适合做价值投资呢?这么多年下来,A股也涌现出了如贵州茅台、格力电器、美的集团、万科A、华兰生物、万华化学、五粮液、海天味业等大牛股，很多人应该也都买过，只是大多数人没有耐心持有下去而已。

所以，不是A股不适合做价值投资，而是那些反对者从来没有真正去学习并贯彻执行价值投资而已。A股不但适合，而且未来会越来越适合做价值投资，这是一个历史大趋势，早准备、早参与、早好。

三、实际上，做价值投资，没你想象中的那么难

过去十几年，随着巴菲特传奇的财富故事在国内的传播，价值投资理念也慢慢在中国传播开来，但真正实践价值投资理念的投资者数量还是占少数，更多的还是做技术投资，为什么会这个样子呢？是因为价值投资特别难吗？不是的，有一个更主要的原因。分析下来最主要的原因是价值投资实践在A股的体验比较差。首先价值投资的学习成本就比技术派要高，体验明显更差，技术派主要是看K线、均线、成交量、观察市场情绪等，主要看图形，学习成本低，体验好，很好上手。

价值投资主要是基于行业、个股的基本面，主要看财报、行业报道、各种调研数据等，有一定的专业要求，一般投资者不好上手。

另外，A股由于发展时间比较短，不够成熟，走势起起伏伏，很容易像坐过山车一样大起大落，对投资者来说体验极差，导致很多人对价值投资理论不认可。

虽然有各种各样的问题，但实际上，做价值投资，没有想象中的那么难。当然了，也不是说很容易。事实上，证券投资本来就不是一件容易的事情，前面的章节中咱们也说过了，证券投资门槛极低，而门槛越低竞争就越激烈。这里说的没有想象中的那么难，只是相比其他投资方法，以及很多人想象中的难度而言。

首先，非常重要的一点，很多人在面对自己不熟悉的领域时，都会有畏难情绪，导致不敢往前迈出步子。价值投资就是这样的，看起来很难，那么只要你迈出第一步，开始想要学习价值投资，那么最大的困难就解决了，剩下的无非是逐个学习价值投资中所需要的知识点。可以这么说，当你翻开这本书的时候，你已经跨过了价值投资学习最难的一道坎了。

其次，大家不要把价值投资想得太高深，或者太程式化，这其实也是很多人觉得价值投资很困难的原因之一。价值投资和技术投资最大的区别在哪里呢？一个是基于基本面，另一个是基于技术面。那么，只要你是根据基本面来做投资就是价值投资，而基本面虽然普遍都要研究财报等，但这也不是必需的，只要你能确定一只股票是好股票，只要你有比较简单的观察手段，其实不看财报也不是不可以。比如只要看到苹果手机卖得特别贵还是有很多人买，而且有很多"忠粉"，那苹果的股票是不是就可以买？同样的道理，公认贵州茅台的酒好喝不上头，还有很多人买了收藏，涨价很厉害，那么贵州茅台是不是就可以买？

最后，投资的目的是赚钱，学习各种投资方法只不过是为了更好地去赚钱，方法只是一个工具而已，工具讲究的是合不合手、效率高不高，并没有优劣之分，只要适合自己的就是好方法。加上证券市场是没有百分之百确定的事情的事实，没有什么方法是一定能赚钱的，也就不一定非按什么体系来做投资。具体的价值投资也是，价值投资确实有一些方法体系，比如格雷厄姆的《证券分析》中所讲的体系，但不代表学习者就一定要遵循书里的体系，完全可以按照自己的方法来。事实上，巴菲特都不是严格按照老师格雷厄姆的体系来操作的。

也正是基于上面这一点，价值事务所团队才专门针对普通投资者，包括完全的价值投资小白用户，对价值投资体系做了大量的精简，用通俗易懂的语言解释那些专业的词汇，提炼出分析行业和个股的框架，让小白用户也可以参照着学分析，并用分析过的案例演示投资中如何进行个股的深度分析。

反正在学习价值投资的过程中，要记住一点：任何投资方法都是为盈利服务的，盈利就是要解决关于确定性的问题，只要有助于解决确定性问题那就可以了，价值投资虽然有方法体系，但它更是一种理念，只要根据基本面买卖股票就是价值投资行为。

价值投资没有那么难，理念确定了，其他的技术性的东西学习起来就容易了，最难的是理念不改过来，或者经受不住市场的诱惑，总是在垃圾股里面博弈，最终亏损累累。所以，从这一章开始，请树立坚决走价值投资路线的理念，开始走价值投资这条路，由此，你的投资生涯也就走上了一条光明之路。

四、做价值投资，就是用做生意的方式来做投资

因为股份有限公司需要筹措长期资金，因此要将股票发给投资者，作为公司资本部分所有权的凭证，股东也以此获得股息（股利），并分享公司成长或交易市场波动带来的利润，但也要共同承担公司运作错误所带来的风险。

从股票的概念里可以看到，股票就是投资者参与出资，成为公司股东的凭证。这一点，从股票制度起源来看更清楚。股票起源于1596年的荷兰公司，当时该公司经营航海事业，因为航海业属于高风险，收益也可能很高的行业，为了分摊风险，它在每次出海前向人集资，航程完成后即将各人的出资及该航次的利润交还给出资者。1613年起该公司改为四航次，才派一次利润。这就是"股东"和"配息"的前身。

从股票的起源中，我们可以非常清楚地看到股票的本质就是投资人出钱一起做一个生意，利润共享、风险共担。其实做生意才是股票的本源，那生活中大家如果要做生意，或者参股别人的生意的时候，会怎么做？

我们假设现在有这样的两个公司可以参股：老干妈，大家都知道，国内辣椒调味品第一品牌，中国家庭几乎无人不知、无人不晓，产品极其畅销，概不赊账，经销商都是排着队送钱拉货，我们假设它现在要扩大生产，接受投资，你有机会可以入股；小王大学毕业后，拉了几个同学创业做网络游戏，第一款产品就爆卖，一年流水上亿元，他们大赚特赚，为了做出更多的爆款游戏，他们准备招兵买马，你现在也有机会入股。问题来了：如果只能选择一家入股，它们的价格也都是公允的，你会入股哪一家？

我想凡是理智一点儿的人都会选择老干妈，道理很简单：老干妈更稳，基本上入股后就可以每年分红，回本赚钱的概率非常大。而游戏公司不确定性就非常大了，游戏制作的门槛越来越高，小公司出爆款的机会越来越少，而对于小公司来说，一两款游戏不能火起来，公司很可能就得关门，投资这样的公司就是赌博，有可能大赚也有可能一无所有，而且一无所有的概率更大。

一个赚钱几乎是板上钉钉的事情的公司，另一个是亏钱概率极大的公司，只要是为了赚钱而投资的都会选择入股老干妈，但为什么在股市里很多人却不这么做呢？股市里大把人选择入股此类游戏公司或者类似的不确定性极大的公司，原因何在呢？

秘密就在于股市让股份的买卖交易变得极其便利。开个股票账户就可以买股票（也就是出资入股），买了股票后觉得不合心意了，第2天就可以转让出去（T+1交易制度），甚至是买入后马上就可以卖出去（T+0交易制度）。由于买卖变得非常便利，会让投资人觉得持股风险变小了，于是他们更关注的不是风险，而是收益。股票基本面不好又如何呢？只要买入后能涨，涨了马上卖出去就好，风险与我何干？于是很多人就沉迷于每天的追涨杀跌之中。

可惜的是，资本市场没有那么简单，大多数人追涨杀跌的结果就是亏损累累，甚至因为被套在垃圾股上，舍不得止损最终遭受重大亏损，甚至退市全军覆没，比如有人在高位上重仓乐视网，因为舍不得割肉，最终股票退市，遭受了毁灭性的打击。

所以，大家做股票投资的时候就要学会忘记交易便利这个事情，回到股票投资的本质参股做生意，如果是参股做生意的话，一般会怎么做呢？在出资之前肯定都会考虑各种问题：这是不是一门好生意？钱投进去安不安全？会不会出价太高？多久可以回本？管理人可靠不可靠？会不会亏钱？如果亏钱的话，最多亏多少？

是不是一门好生意？主要看市场是不是足够大，利润率高不高，行业竞争大不大，生意模式是不是可以复制，现金流充不充沛，这就是价值投资中的行业分析。管理人可靠不可靠？就是研究上市公司的管理层是否诚信，能力和进取心如何。会不会出价太高？就是估值问题。会不会亏钱？就是风险评估问题。

基本上，只要按照生活中参股做生意的方式去做股票投资，就是价值投资，考虑的先是安全，是不是一门好生意，只要公司做的是一门好生意，公司又是一个好公司，那么赚钱就是理所当然的事情，这是非常简单的道理。

当然了，股市中也确实存在一些看起来是好公司，做的也是一门好生意，但最后也不赚钱，甚至大亏的情况，比如康美药业在出事之前就是一个大白马，后面却因为造假让投资者巨亏。确实存在这样的风险，具体到康美药业，其实造假爆发之前, 市场已经有怀疑了, 大存大贷, 但也存在于出事之前, 市场几乎没什么消息, 完全是一夜被爆出猛料的那种, 比如天威集团。造假的话, 一方面可以通过财报分析发现蛛丝马迹, 另外就属于系统性风险, 无法避免的, 只能通过分散投资来规避。

虽然价值投资也确实规避了一些问题, 比如财务造假, 但相比投资来说, 它是基于做生意的角度做的投资, 安全度和长期盈利可能性都大大高于技术投资那种纯粹的猜测股价方向的行为。所以从今天开始, 当你要买入一个股票的时候, 一定要先想清楚: 买入股票就是出资参股一家公司, 等着分红, 那么公司好不好, 出价如何就非常重要。等想清楚了再下手, 而一旦下手就要耐心持有, 等待公司分红, 以及市场发现它的价值。如此, 你就算是在投资这条路上开始走上正道了。

五、要学会价值投资, 这些基础知识你要学会

在之前的章节中, 我们认识了资本市场的残酷性, 也初步了解了价值投资, 接下来开始真正进入价值投资的入门学习, 在此之前, 有些基础知识是必须要掌握的, 当然了, 本章节中的基础知识只是最基本的, 并不代表所有, 有些知识会在后面的讲解中带领大家慢慢学习和完善。

首先, 对于价值投资这个概念, 或者理念, 大家要有一个深刻的认知。一般认为价值投资是和技术投资相对应的投资方法, 重点是透过分析股票的基本面, 去寻找并投资一些股价被低估了的股票。但因为股市没有百分之百确定的时候, 而且学习任何的投资方法都是为了在股市里盈利服务的。所以, 关于投资理念的学习大家也要有开放性的思维。

在我们看来，价值投资可能是最为世俗、最符合实用主义的投资方法，基本上只要是以不亏损本金为前提，然后不拘泥于任何一个概念和方法去追求拟投资标的收益的确定性，就可以称得上是价值投资。并没有一个条条框框说什么才是价值投资，其实也只有这样，投资者才能不断审视现实世界、修正自己、进化自己，才能从这个世界上，不同的市场、不同的经济领域、不同的资产类别、不同的具体投资标的中发现那些不断变化的、真正的价值。

解决了思路问题，就要开始认识一些行业里的基础概念，这些有助于进一步地深入学习。

基本面：顾名思义，就是基本情况，包括上市公司及宏观经济。股票长期投资价值的唯一决定因素就是企业的基本面。所以，价值投资者选择股票前就必须透彻地分析企业的基本面。另外，由于宏观经济会影响上市公司的业绩，以及资本市场的风险偏好对个股也会有非常大的影响，所以，也需要适当地分析研究。

安全边际：这个概念是巴菲特的老师格雷厄姆第一个提出来的，意思是股票的内在价值和市场价格之间的差距。比如，一只股票的价值是10元，目前市价只有5元，那么安全边际的大小就是5元，安全边际越大，这只股票越被低估，投资它得到的收益就越高。后面这个观点被巴菲特传承并发扬光大，他曾打过一个比喻：我建一座能承重三万磅的桥，但却只让通行一万磅的车，这样就算我漏放了一辆一万两千磅或者一万三千磅的卡车过去，也不至于桥毁人亡。价值投资的第一要义是避免亏损，所以安全边际就显得非常重要，从安全角度出发，当然是安全边际越高越好。

复利：是指在计算利息时，某一计息周期的利息是由本金加上先前周期所积累利息总额来计算的计息方式，即通常所说的"利滚利"。复利被称为世界第八大奇迹，原因在于它确实非常神奇，在避免回撤的情况下，即使比较小的涨幅，经过时间的累积，后面的增长也会是指数级的增长。牢记复利思维，避免回撤，尤其是大幅度回撤，则会自动过滤掉各种短线炒作的"自杀行为"。

估值：公司估值是指着眼于上市或非上市公司本身，对其内在价值进行评估。由于公司的股票价值最终就是公司价值的体现，所以需要对公司内在价值进行评估，这个评估的过程就叫估值。对公司估值可以有很多种方法，目前市场上通用的方法有市盈率法（PE），即公司市值/公司盈利，粗略理解，这个数值就是回本时间。市净率法（PB），公司市值/公司净资产，这个数值为多少，就意味着相比创始股东，用了多少倍来购买公司的股份，比如市净率为2，意味着相比创始股东，你用2倍价格来参股。另外常见的估值方法还有PEG等，这里先不展开，后面在估值的章节我们会具体讲。

ROE：净资产收益率，又称为股东权益报酬率，是净利润与平均股东权益的百分比，是公司税后利润除以净资产得到的百分比率，反映的是公司运用自有资本的效率，也是评估企业长期盈利能力的最佳指标。在合理或较低的估值，投资ROE较高，且比较稳定的行业，大概率可以获得比其他行业更高的收益。

净利润增长率：当期净利润与基期净利润的百分比，公式=（当期净利润/基期净利润）×100%，代表企业当期净利润比上期净利润的增长幅度，指标值越大代表企业盈利能力越强。企业必须赚钱才能持久活下去，所以净利润的增长就非常关键了。当然了，对于像互联网企业之类的股票，最开始追求成长性，对净利润的要求不高，因此主要看用户增长情况、营收情况等。

股息率：股息与股票价格之间的比率。股票投资的本质就是参股做生意等赚钱了分红，股息率就是反映企业的分红情况。理想状况下，当然是越慷慨越好，不过这也不代表不分就不好，有些公司由于有自己的发展计划，不一定会分红，而是把钱用于扩大再生产。

每股现金流：做生意归根到底就是为了赚取现金流，所以现金流是非常关键的，只有真金白银到手了才说明是真的赚钱了，关注现金流也有助于辨别公司是否会有财务造假情况。

毛利率/净利率：这个也很好理解，做生意就是为了赚钱，不同生意之间的赚钱能力肯定是不同的，一般而言，毛利润和净利润越高越好。

基本上，上面的基本概念掌握下来就差不多足够后面的学习开展了，有些其他知识点可以在后面的学习中进一步补充拓展。

第三章

价值投资简易入门

价值投资体系是一个复杂的体系，这也恰恰是很多投资者望而生畏、不得入门的原因，如何降低价值投资学习的难度就显得非常重要了。本章正是基于这一思想，从行业分析、个股分析等维度，搭建了一个简易的价值投资学习的入门框架。

一、新手学习价值投资时最常遇到的困难

价值投资理念在国内也传播了十几年了，除非是完全的新手股民，不然多多少少都听说过，但总的来说做价值投资的投资者数量还是偏少，原因有几点，也是新手学习价值投资时经常会遇到的困难。

一是价值投资上手比较难。无论是学习，还是在实际的投资过程中，价值投资的体验都远不如技术投资：技术投资主要依赖图形，价值投资主要靠基本面分析；技术投资短平快，价值投资普遍是中长线，往往枯燥无味。总的来说，价值投资具有一定的学习门槛，尤其是财务分析那一关直接会把很多人拒之门外，导致很多人未学之前先畏难了，然后直接就放弃了。价值投资真的有那么难学吗？并没有，至少没有大家想象中的那么难。

事实上，大家之所以觉得困难，是因为价值投资被神化了。这么多年因为种种原因，价值投资被捧为高人一等的投资方法。一个东西越高高在上，普通人就越不敢轻易去尝试。可是投资方法之间真的有高低之分吗？并没有，认为价值投资比其他投资方法高一等的都是没有真正入门的。投资方法是为投资结果服务的，赚钱才是硬道理，能持续赚钱的方法就是好的投资方法。价值投资学习门槛是比技术投资高一些，这也导致学习的人比学技术投资的人少一些，赛道没有那么拥挤，投资成功的概率就会更高一些，但绝不代表它就高其他方法一等。所以，从今天开始起，不要神化价值投资，把它视为投资方法中的一种就好，就看自己是愿意选择上手困难一点儿，但后期成功概率大一点儿的，还是上手简单，成功

概率低一些的方法。

其次，很多技术投资者，包括价值投资者对价值投资的认知范式化了，认为做价值投资就一定要学很多分析技巧，尤其是财务分析。因为财务分析涉及一些会计知识，很多人正是被这一点给吓到了。其实价值投资是最实用的投资方法，并没有什么条条框框。它最根本的一条原则是：避免亏损。基于这个原则，无论用什么方法途径，只要能提高这种确定性，那就是价值投资的范畴。并不要求一定要做什么财务分析、行业分析、公司分析之类的。比如看到身边的人喜欢用苹果手机，那苹果的股票是不是就可以买？大家都离不开微信，都爱玩王者荣耀，腾讯的股票是不是就可以买？都喜欢在淘宝上买东西，阿里巴巴的股票是不是可以买？这同样是一种价值投资。

据我们的观察，当然也包括自身的体会，学习价值投资最困难的点就是对价值投资有认知偏差，从而导致有畏难情绪不敢开始学习和尝试。当投资者克服了这个情绪，或者在市场里做技术投资遍体鳞伤之后开始想要学习价值投资了，又会面临一个问题，也是真正入门学习价值投资后，最大的困难：不知道从何下手学习？

价值投资相比技术投资确实要学习的东西更多，技术投资有人专门学K线，有人专门学均线，有人专门学量能，有人专做题材，而价值投资是基于企业基本面，企业基本面的分析包含的东西就多得多了，包括行业分析、商业模式分析、公司管理水平、估值高低等，确实要复杂得多。那如何解决这个问题呢？一般来说，我们推荐两种方法，一种是上面说的，不要给价值投资做各种框架设定，可以用你擅长的方式来，只要现实验证有效那就可以。比如通过生活中的供需现象发现牛股，用最粗略的框架去做投资也未尝不可。另外一种方法，就是下一小节要讲的，我们将价值投资的分析过程做了简化，拆解出价值投资中最关键的几个步骤，然后专门做了一个价值投资的通用分析框架，大家最开始只需要依样画葫芦地跟着学习各个步骤所需要的技能就可以了。等后面入门后，不再畏难，开始有感觉后，完全可以根据自己的情况拓展学习更多的价值投资方面的知识。

解决了价值投资入门学习的困难后，在开始实践时大家还会遇到一个非常大的困难：如何坚定执行价值投资的问题。

由于价值投资的原则就是避免亏损，非常强调安全边际，对标的的选择总体上会严苛得多，合适的标的不会很多，或者得等很久才能发现有合适的标的。而我们都知道，A股是一个题材横行的市场，每天各种题材，各种涨停板层出不穷，这个时候能不能耐住寂寞，专心等到合适的机会再下手？这其实是非常困难的，越贴近市场，越难做到，基本上没在垃圾股上亏过大钱的人是很难真正抵御住诱惑的。只有巨亏过、痛过、深刻反思过，才能真正领悟要彻底往价值投资方向转变，就必须学会放弃一些平庸的机会，而那些每天层出不穷又极难把握住的股票就是平庸的机会。

另外，由于股票价格回归内在价值，往往都是以短时间快速上涨的方式实现的，这意味着价值投资者可能得守着股票很久才能迎来预期中的回报，能不能耐得住寂寞是一个非常大的考验，尤其在垃圾股满天飞，自己手里的绩优股却呈现出半死不活的样子的时候，对投资理念更是一种巨大的考验。

更有一种情况，当你买入之前，做了非常透彻地研究，你确信它就是一只优秀的股票，但买入后它却一直在下跌，这个时候你很可能就会怀疑自己的判断是不是错误了，这个时候如何去分析是不是自己判断失误？如果确认判断无误，如何坚定持股又是一件非常困难的事情。

其实价值投资中还会有这样那样的困难，有些困难是投资中一定会有的，有些是价值投资独有的，但它们都是投资中必然会遇到的困难，不能因此就认为价值投资是非常难学会的,从而放弃学习和做价值投资。投资本来就不是一件容易的事情,价值投资已经是最接近投资本质的方法了,只要能坚定地学习和执行,投资成功的概率就会大大增加。

二、简单却非常有效: 通用价值投资分析框架

做价值投资最难的点有两个: 一是很多人对价值投资存在错误的认知,从而导致他们不敢开始着手学习, 二是价值投资要学习的东西确实比较多一点,很多新手不知道如何入手。针对入手的问题,我们对此做了大量的精简,梳理出一套非常简单却非常有效的通用价值分析框架。

从前面的章节中可以看出,价值投资的本质就是投资做生意,那么出钱投资一门生意之前所顾虑的事情也就是价值投资的决策流程,总结下来其实就四个问题:是不是一门好生意? 是不是一个好公司? 是不是一个好价格? 有什么可能的风险?

是不是一门好生意? 也就是赛道问题,好的赛道必须市场空间要足够大,而且必须持续稳定增长。很简单的道理,如果行业在持续萎缩,行业里面的公司也很难有很好的发展,覆巢之下安有完卵。不过这里也有一种情况: 行业虽然总体平稳发展或者缓慢萎缩,但行业里的细分领域却是增长的,或者是行业非常分散,但有公司能受益于集中度提升的过程。白酒过去几年产销量都是下降的,但是行业的集中度,尤其是高端白酒销量,却是一直在增长,所以过去几年白酒,尤其是高端白酒股都走得非常好。另一个例子就是水泥,虽然行业算是夕阳行业了,但行业的集中度却一直在提升,所以过去几年水泥股也走得不错。

行业的竞争大不大? 竞争越大,赚钱越难,行业里的公司很可能就在竞争中被

消灭，最好当然是蓝海市场，但现实中蓝海市场太少了，绝大多数行业都是红海市场，竞争非常激烈。所以尽量找市场空间持续在增长的行业，相对竞争压力小一些。或者就是等行业竞争到决出胜负后再去找里面剩下来的玩家，也就是不要战而后求胜，要胜而后求战，比如家电行业十几年前就是一个竞争残酷的行业，后面格力和美的从惨烈的厮杀中崛起成为行业中的双巨头，给投资人带去了非常好的回报。

生意赚不赚钱？也就是毛利润如何？做生意就是要赚钱，毛利率越高说明行业就是暴利行业，赚钱越容易，在这样的行业里如果能把公司做大，甚至做成具有垄断性质的，赚钱就很容易，比如高端白酒行业就是如此，毛利率普遍在60%、70%以上，贵州茅台之所以能成为A股股王就是因为高端白酒行业利润太丰厚了，自己又成了行业里公认最好的公司，毛利率超过90%，净利润率超过50%，赚钱很容易。相反，家电行业毛利率也就30%左右，净利润也就10%左右，差别太大。

生意模式是怎样的？面向B端还是面向C端？简单还是复杂？好的生意当然是越简单越好，这里不得不再一次提及白酒行业，它的生意模式非常简单，无非就是粮食发酵变成酒，然后打广告卖出高价，这是一个简单但实用的生意模式。至于是面向B端还是C端，这个关系不大，一般而言面向B端的业务，客户更难切入，但一旦切入普遍比较稳定，C端客户容易导入一点，但维系不容易。

是不是好生意要看做的生意是离钱近还是离钱远、行业里的政策如何等，但基本上上面的问题解答了，生意如何就有一个答案了，更详细的大家可以自行拓展，接下来分析是不是一个好公司的问题。

投资参股一个公司，首先要考察公司做的是不是一门好生意，确定是一门好生意后就要考察公司是不是一家好公司，那如何分析判断一家公司是不是好公司？可以重点关注以下几个方面。

公司的行业地位如何？知名度如何？公司在业界的竞争力如何？公司的管理层可靠不可靠，行业背景如何？有没有出过什么负面新闻，尤其是信用方面有没有问题？公司的管理结构如何，简单还是复杂？公司在业界和客户中的口碑如何？公司的财报可靠不可靠，能否反映公司基本面的情况？基本上，这些问题解答清楚后，是不是一个好公司也就基本有答案了，但是好公司也不是什么时候都可以买的，出资参股一个公司也要考虑回本期限，所以考虑完行业和公司问题后，就要考虑是不是一个好价格了。

是不是一个好价格也就是看估值水平，也就是内在价值和股价之间的差距，一般来说当然是内在价值高于股价最好，也就是所谓的低估，相反就是高估，高估就容易有回调风险。一般会用市盈率（PE）和市净率（PB）这两种方法进行估值，但估值可以说是一门艺术而不是一门技术，实际操作的时候并没有那么容易，关于估值的方法后面的章节会详细展开，这里就不多讲了。

解决了赛道、公司和估值问题后，基本上能不能出资参股的问题就解决得差不多了，但最后还有一个问题：风险。无论是做生意，还是参股别人的生意，都是有可能亏钱的，同样，炒股也是有可能亏钱的，所以在买入之前一定要考虑风险的问题。风险可能来自很多方面：自己对股票的判断出现失误、公司后续经营不如预期、市场大环境发生变化、公司遭遇突发的利空消息……如果发生了这些风险，预估最多可能会亏损多少？自己能不能承担得了这些亏损？有没有办法去控制这个风险？

上面这四个步骤就是我们常用的分析股票的基本框架，挺简单的，根据我们的实践，效果也挺不错的，当然了，大家熟练后完全可以在这个基础上进行完善。只是我们的想法是：资本市场本来就很难百分之百精确，只要可以大概率确定一个公司是优秀的公司，价格也合理，那么长期来看，投资这样的公司赚钱的概率就会很大，其他细枝末节的东西少关注也好，毕竟精准的错误比不上模糊的准确。

三、选对行业，成功一半：简易有效的行业分析框架

俗话说："男怕入错行，女怕嫁错郎"。不同的选择会导致不同的人生走向，投资也是如此，不同的选择导致的结果会完全不一样，其中非常重要的一个选择就是行业的选择，选对行业，首先就成功了一半，这个道理相信大家都认可，从矿区找到黄金的概率肯定是要远远高于从垃圾堆里面翻找的。那如何去分析一个行业好还是不好？前面的章节中已经有所提及，本节我们将再给出一个更详细的行业分析框架，也是比较简单但比较有效的。

我们通过对大量行业分析过程的复盘提炼，最后总结下来，基本上一个行业分析框架包含四部分内容：行业基本状况；行业特征分析；行业生命周期；行业结构分析。下面逐一展开讲解。

1.行业基本状况分析

分析行业的基本状况主要是为了搞清楚行业是做什么的，它的发展历史是怎样的，未来会如何发展等，具体包括如下几个部分：

（1）行业概述：行业究竟是做什么的，即做的是一门什么生意？

（2）行业发展历程回顾：行业也是有生命周期的，要想了解行业所处的阶段，就要清楚它过去的发展历程。

（3）行业发展现状与格局分析：行业现在处于什么发展阶段？行业的竞争格局如何？是百舸争流的阶段，还是已经形成寡头垄断？不同的发展阶段有不同的

投资机会, 对应着不同的投资方式。

（4）行业的发展趋势分析: 预计接下来行业会如何发展? 是继续蓬勃向上, 还是逐步进入衰退期?

（5）行业的市场容量: 分析市场空间是非常重要的一环, 小河小溪只能出小鱼小虾, 大海才能出鲸鱼。有些行业就是出不了巨头公司, 不是行业里的公司不行, 而是行业就那么小。

（6）销售增长率现状及趋势预测: 行业是不是在发展, 主要就看销售的增长情况, 以及后续的趋势。

（7）行业盈利水平现状及趋势预测: 只有行业整体都赚钱, 行业里的公司赚钱才容易, 或者现在可以不赚钱, 但未来赚钱的趋势可不能少。

（8）可持续发展分析: 涸泽而渔的事情长久不了, 只有可持续发展的行业才有未来。

基本上, 比照上面的八条一一分析, 则行业的基本特征也就很清楚了, 但实际操作中不一定需要这么教条, 比照八条逐个列举分析, 事实上这里面有包含关系。比如行业发展现状和趋势就包含了行业销售增长情况和趋势、盈利水平现状和趋势、可持续发展的情况分析。

2.行业特征分析

行业特征分析是行业分析中极其重要的一个步骤, 是从行业里选择个股的重要依据之一。不同的行业特征差别非常大, 择股的关键因素也完全不同。比如说零售行业, 门槛低、竞争激烈、毛利率低、行业集中度低, 那择股的关键就是去寻找那些周转率高、成本控制能力强、能通过快速复制制造规模优势的企业。

又比如银行业, 本质是"钱生钱", 哪个银行能拉来最有钱的群体, 那么它就是最具有竞争优势的，这就是招商银行那么优秀的原因，通过服务能力抓住了最多的中高层群体。相反，互联网行业，本质是"人生人"，谁能圈住更多的用户，谁的价值就更大，这就是腾讯那么优秀的原因，一个QQ加一个微信，几乎把国内十几亿人的绝大部分都圈进去了，根本不愁赚不到钱。

行业的特征分析一般分为竞争特征分析、需求特征分析、技术特征分析、增长特征分析、盈利特征分析。每一个特征又有相应的影响因素，对于影响因素我们专门做了如下梳理，如下图所示。

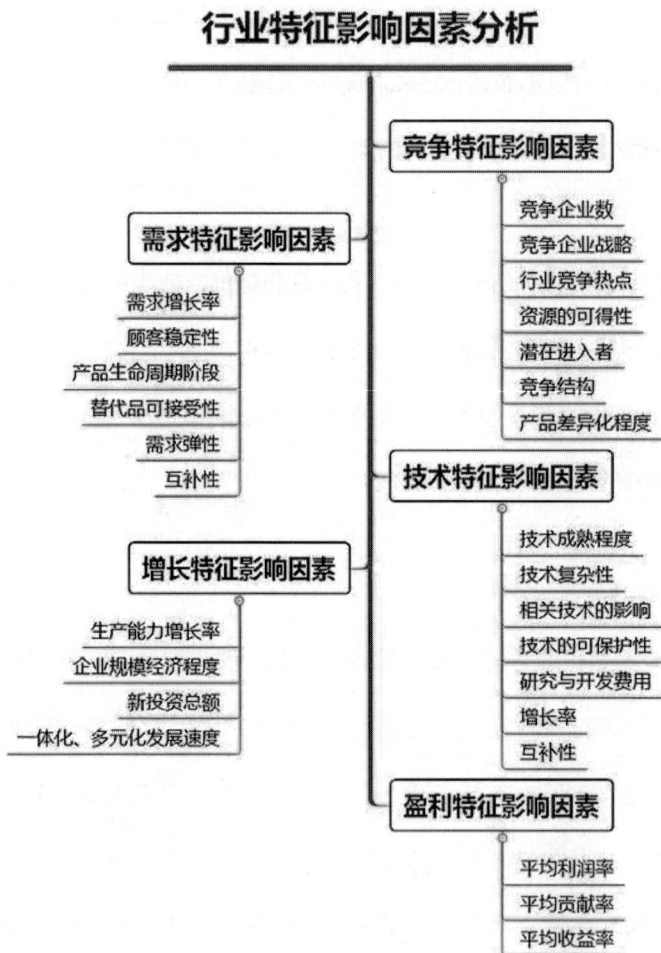

行业特征影响因素分析

竞争特征影响因素
- 竞争企业数
- 竞争企业战略
- 行业竞争热点
- 资源的可得性
- 潜在进入者
- 竞争结构
- 产品差异化程度

需求特征影响因素
- 需求增长率
- 顾客稳定性
- 产品生命周期阶段
- 替代品可接受性
- 需求弹性
- 互补性

技术特征影响因素
- 技术成熟程度
- 技术复杂性
- 相关技术的影响
- 技术的可保护性
- 研究与开发费用
- 增长率
- 互补性

增长特征影响因素
- 生产能力增长率
- 企业规模经济程度
- 新投资总额
- 一体化、多元化发展速度

盈利特征影响因素
- 平均利润率
- 平均贡献率
- 平均收益率

3.行业生命周期分析

人有生老病死，同样，行业也有生命周期，一般而言行业生命周期分为投入期、成长期、成熟期、衰退期，不同的周期对应的投资机会也是不同的，安全起见当然是要投资于成长期和成熟期，但成长期主要看竞争优势最大的、成长最快的企业，而成熟期则主要看行业龙头。

不过有一点大家需要清楚：一般而言，投资中要避免投资处于衰退期的行业，但却并不是所有衰退期的行业就一定没有投资机会。事实上，技术变革和商业模式的创新，有可能给衰退行业注入活力，给投资者带来全新的投资机会。比如汽车产业是成熟且逐渐步入衰退的产业，但新能源汽车却是新兴产业；能源产业是成熟且逐渐步入衰退的产业，但新能源领域的投资却方兴未艾；家电行业是成熟且逐渐步入衰退的行业，但迎合年轻群体的个体化、高颜值的小家电却发展得不错。所以，在做行业的生命周期分析的时候必须要具体问题具体分析。

行业生命周期分析如下图所示。

行业生命周期分析

	投入期	成长期	成熟期	衰退期
顾客	需要培训早期采购者	更广泛地接受 模仿购买	巨大市场 重复购买 品牌选择	有见识 挑剔
产品	处于试验阶段 质量没有标准 没有稳定的设计	产品的可靠性、质量、技术性和设计产生了差异	标准化产品	产品范围骤减 质量不稳定
风险	高	增长掩盖了错误的决策	重大	广泛波动
利润率	高价格 高毛利率 高投资 低利润	利润最高 公平的高价和高利润率	价格下降 毛利润下降 净利润下降	利润下滑
竞争者	少	参与者增加	价格竞争	一些竞争者退出
投资需求	最大	适中	减少	最少或没有
战略	市场扩张 研发是关键	市场扩张 市场营销是关键	保持市场份额	做好成本控制 或者选择退出

4.行业结构分析

这个主要是指行业的集中度和竞争情况，一般用CR4（代表行业前四的公司所占的市场份额）、CR5或者CR10等表示行业的集中度。一般而言，行业前几大企业集中度越低，则代表行业竞争越激烈，同时也代表机会更多，行业的前排企业的长期发展机会更大。

但同时有一点要注意，在实际投资中，对绝大多数普通投资者而言，竞争格局比较明朗的行业比百舸争流的行业好做，因为在行业初期，很难判断哪些企业会最终成长为行业巨头，大部分小企业会"死"掉，不容易押对宝。如果行业竞争格局比较明朗，说明市场上已经角逐出巨头了，那么选择巨头投资就可以了，只要行业集中度还在提升，行业巨头就可以受益于这个过程。过去几十年中最典型就是家电企业了。

在分析行业里的竞争情况的时候，一般习惯用波特五力模型进行分析，如下图所示。

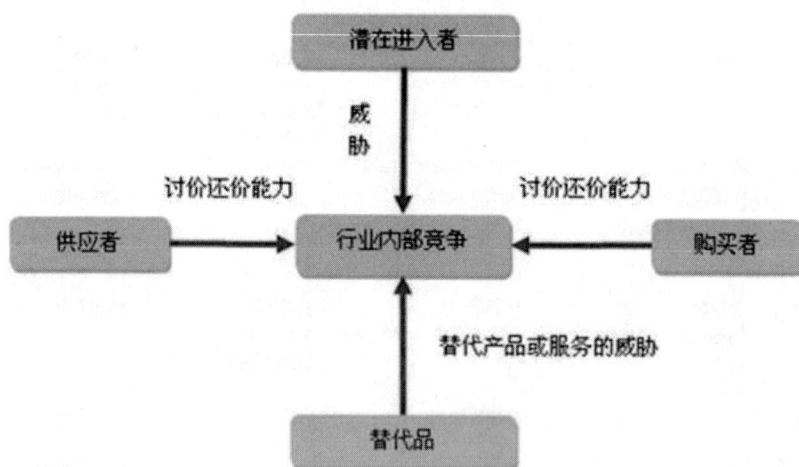

波特五力模型分析

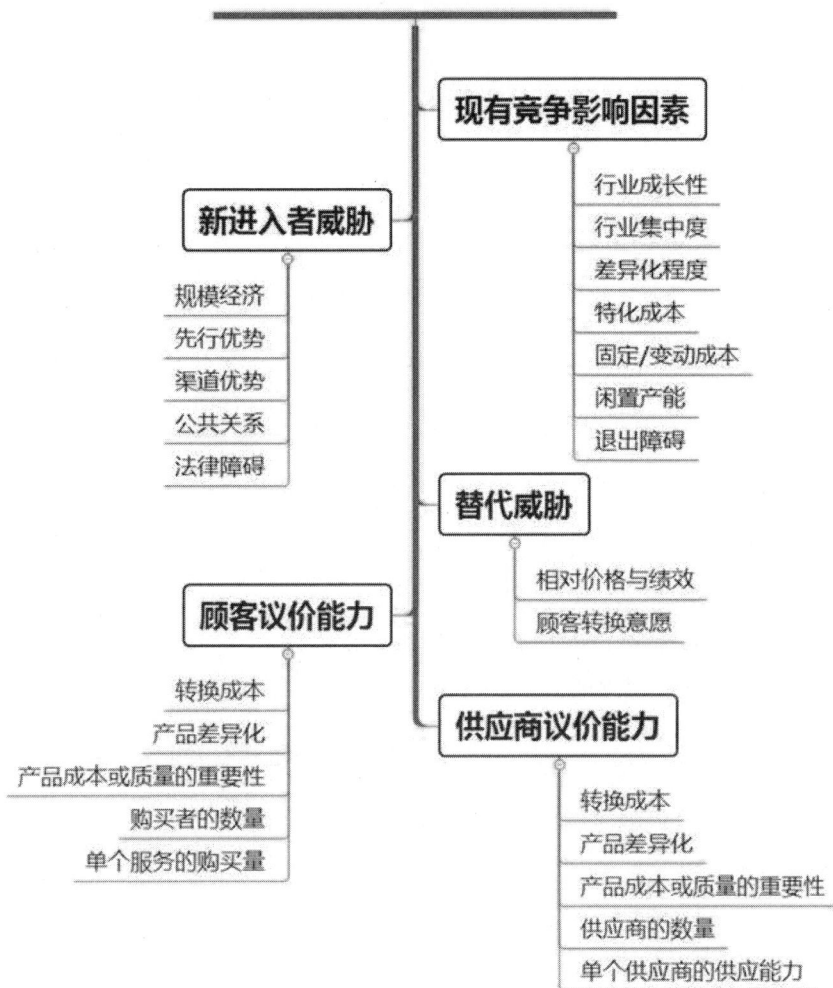

现有竞争影响因素
- 行业成长性
- 行业集中度
- 差异化程度
- 特化成本
- 固定/变动成本
- 闲置产能
- 退出障碍

新进入者威胁
- 规模经济
- 先行优势
- 渠道优势
- 公共关系
- 法律障碍

替代威胁
- 相对价格与绩效
- 顾客转换意愿

顾客议价能力
- 转换成本
- 产品差异化
- 产品成本或质量的重要性
- 购买者的数量
- 单个服务的购买量

供应商议价能力
- 转换成本
- 产品差异化
- 产品成本或质量的重要性
- 供应商的数量
- 单个供应商的供应能力

至此, 行业分析框架也就差不多了, 基本上只要大家套用这个框架逐一进行分析, 那么你对一个行业的认知也就差不多了。当然了, 实际操作中不需要机械地逐个分析到, 有些点只要你能确认就可以省略跳过。如果对一些行业的情况不熟悉, 则要多看一些行业的研究报告, 跟那个行业的知名人士多交流, 他们对行业的现状、趋势和行业的关键都更清楚。

基本上, 只要行业分析做得足够扎实, 那么再分析行业里的个股就会水到渠成,距离掌握价值投资又近了一大步。

四、好公司是核心: 简易有效的公司分析框架

价值投资因为是基于企业基本面的投资,所以分析行业、分析公司就是每天要做的事情,虽然分析行业和公司看起来很难,但其实跟很多其他事情一样,也都是有程序的。就像前一节讲的,行业分析有一些固定的范式,公司的分析也是有一定的范式,这节讲的就是我们常用的公司研究框架。当然,有一点大家始终要明白: 投资中没有什么是百分之百确定的,当然公司分析也没有说哪一种分析框架就是对的。给出的分析框架是为了让新手好上手,入门后完全可以扩充学习,按照自己习惯的方式做公司研究。

按照模块化和简化思维,公司分析的过程大致可以精简为七个步骤: 公司概况分析、公司的商业模式分析、公司的竞争力分析、公司的长远规划和执行情况、公司的财务分析、公司的估值分析、公司风险点分析。

(1)公司概况分析。包括公司是什么行业,具体做什么? 是专注一个行业还是多元发展? 主营业务具体是如何运作的? 主营业务现在是什么情况? 公司的核心产品是什么? 产品的供需关系如何? (供大于求还是供小于求),公司产品在同类产品中有什么差异性,或者具备什么样的竞争力? 产品是否需要升级? 升级周期和人力、物力成本如何?

(2)公司的商业模式分析。公司是如何赚钱的? 是卖产品还是卖服务? 盈利点在哪里? 公司的资金流情况是怎样的? 哪个模块资金流相对较大? 可能存在的问题及解决措施如何?

（3）公司的竞争力分析。公司的核心竞争力体现在哪一方面？是技术、资本、流量、人力资源、品牌、资源还是其他方面。公司相比行业里的其他公司而言，竞争优势如何？是低于竞争对手还是高于竞争对手？如果是高于竞争对手，竞争优势壁垒如何，会不会被同业追赶？追赶所需要的时间和成本大不大？公司能否发展其他核心竞争力？

（4）公司的长远规划和执行情况。人无远虑，必有近忧，公司也一样，预则立不预则废，公司有什么长远的规划？未来可能会做什么项目？是扩大经营规模，还是搞产业延伸，是投入某一技术研发，还是多元化发展。如果有这些长远规划的，必须关注一下执行情况：新项目的进展如何？技术研发有没有进展？

（5）公司的财务分析。很多公司分析都是基于现实或者经验的，但这不够，还需要具体的数据支持，所以需要通过财务分析来验证分析是否准确。如果一个公司从主营业务、竞争力等分析起来都不错，但是财务分析结果却很糟糕，那也必须要仔细分析清楚具体原因何在？不然也不可以盲目买入。

（6）公司的估值分析。出资投资一个生意需要注意三点：好生意、好公司、好价格。太高的价格买入好股票也不一定能赚钱，好股也得有好价格。买入之前必须进行仔细的估值分析，研究公司的内在价值，一般看市盈率（PE）、市净率（PB）。看估值水平的时候除了看当前的估值水平，也要看当前处于历史估值水平中的哪个位置？另外，跟同行业个股的估值水平相比，又如何？

（7）公司风险点分析。再好的公司都有可能有这样、那样的风险，公司存在什么可能的风险？政策风险？经营风险？尤其是控股股东诚信风险要特别关注。

上面就是公司分析的简易框架，基本上只要依样画葫芦，一通分析下来，我们就可以对上市公司有一个基本的判断，是不是一家优秀的公司也就有答案了。

五、便宜才是硬道理：简易有效的估值方法

做价值投资，无非就是要找好的生意、好的公司，然后用好的价格买入。之前的章节中已经给出了如何判断好生意和好公司的分析框架，这一节讲讲什么样的价格才算是好的价格，也就是学习公司的估值方法。

估值的方法有很多种，常用的有市盈率法（PE）、市净率法（PB）、市盈率相对盈利增长比率（PEG）、股息法等，新手投资者主要学习市盈率法和市净率法，以及PEG法就差不多了，其他的等自己有一定的经验后，再去深入研究。

1.市盈率法（PE）

市盈率是最多人使用的一种估值方法，市盈率=公司市值/公司盈利，即PE=P/E，P代表公司市值，E代表公司盈利。

通过公式可以推出市盈率背后的含义：以公司当前的盈利，做到当前的市值需要多少年，或者是我们为了获取一元的净利润愿意花多少钱，也就是回本期限。例子：一家公司市盈率是30，代表这家企业假如每年盈利不变的话，30年才能达到当前市值，或者说，我们愿意为了得到这家公司的1元钱盈利而花30元钱的成本。

由于盈利的不同统计维度，市盈率也有几种：静态PE、动态PE和滚动市盈率。

静态PE是指用当前的市值/上一年的盈利，而动态PE则是用当前市值/接下来一年的预估盈利。即盈利确定就是静态，不确定就是动态，但这两者都有局限，所以还有一种滚动市盈率，简称PE（TTM），计算方法是总市值除以前面四个季

度的总利润。由于滚动市盈率更能及时反映个股基本面的变化，所以现在用滚动市盈率计算得很多。

股市里没有百分之百确定的事情，估值公式也是如此，也有它的使用局限性。把PE公式演变一下，PE=P/E=每股股价×总股本/E，可以看出，影响市盈率的因素有两个：每股股价和盈利。如果股价和盈利变化太大的，就不太适合市盈率的估值方法。

比如流动性太差的个股，或者盈利变化太大的，典型的如：盘子太小，交易量太少的，几百股就可以打到涨停或者跌停那种，算起来市盈率自然是极低的，但没有任何投资价值。

周期股也是非常典型的不适用市盈率法进行估值的，最典型的就是券商了，牛市的时候盈利可以大涨几十倍，一下子把市盈率打得非常低，看着吸引力是极好的，但一旦熊市来了，盈利一下子大幅下跌，市盈率马上就上去了。还有就是成长股，尤其是互联网行业的股票，在它盈利之前，都是一直亏钱或者只赚很少的钱，市盈率没法看，但当它开始赚钱后会特别赚钱，比如腾讯、阿里巴巴等。这种也不适合用市盈率来估值，只有等其业务进入成熟期了，才可以用市盈率来估值。最适合使用市盈率法的是白马股，其盈利比较稳定，交易量也都比较大，典型的如银行股、白酒、白色家电等。

2.市净率法（PB）

市净率=每股股价/每股净资产，代表"账面价值"，即每一股里含有多少公司实实在在的资产。净资产等于资产减去负债，代表所有股东的共同权益，简单理解就是假如公司倒闭了，每一股可以分到多少钱。

不同于市盈率公式中盈利是变化很大的因素，公司的净资产是比较稳定的财务指标,而且绝大多数公司的净资产都是逐步增加的,市净率比较好计算,所以不适用市盈率估值的周期股一般用市净率来进行估值。但跟市盈率有使用局限一样,市净率的使用也有一定的约束,主要有如下的影响因素。

第一,无形资产的占比。资产分为有形资产和无形资产,传统企业中净资产大多数是有形资产,比如生产设备、地皮、厂房、生产原材料等。这些资产有非常成熟的估价体系,值多少钱非常清楚。但还有好多企业的资产是无形的,最常见的无形资产就是企业品牌了,还有发明专利等,甚至包括人,比如一些明星入股的企业,这类资产估价起来非常难,一旦企业倒闭了,所有的无形资产就都变得一文不值了。所以对于无形资产占比非常高,或者企业资产纯粹就是无形资产的企业,不适用市净率法。

第二,资产价值的稳定性。我们都知道,资产是有价值的,但资产的价值其实是会变化的,不同的资产价值变化非常大,有些资产是越来越值钱的,比如土地、陈酿酒等。但也有一些资产是会迅速贬值的,最典型的就是电子产品,生产出来的存货如果不迅速销售出去,很快就会贬值。对于资产不保值的企业也不适用市净率这个指标,欺骗性太大。

3.市盈率相对盈利增长比率(PEG)

投资中一般就使用市盈率和市净率两种估值方法,但在实际的投资中会发现,对于成长型公司而言,这两种估值方法都不适用。因为成长型公司,通常利润增速非常快,可以一年增长百分之百,甚至好几倍,同时市盈率也可以高得吓人,比如几百倍那种,单看市盈率肯定是不合理的,这个时候就需要用兼顾增长和市盈率的估值方法,也就是PEG,这也是美国投资大师彼得·林奇非常推崇的估值方法。

PEG，中文名称为市盈率相对利润增长比率，PEG=PE/G，PE是市盈率，G是英文单词Growth的缩写，代表利润增长率。假如某只股票的市盈率为100，通过计算和预测，得到企业盈利增长率为50%，则该股票的PEG=100/50=2，如果盈利增长率为100%，则PEG=100/100=1，如果盈利增长率为200%，则PEG为100/200=0.5，PEG值越低，说明该股的市盈率越低，或者盈利增长率越高，从而越具有投资价值。

一般而言，认为PEG>1，则当前股价被高估了，PEG<1则为低估，具有投资价值。当然，这个数值越小，说明股价被严重低估，后期获利确定性越大。

但跟市盈率和市净率有使用局限一样，PEG也有使用局限性，它的局限性在于预测，也就是要根据公司过去利润增长率去预估未来3～5年的利润增速，只要是预测就有不确定性，就有可能出现预测失误。比如一个股票市盈率是200倍，过去5年平均利润增速为300%，预计接下来几年也有望保持这个利润增速，也就是它的PEG为0.67，这个股票是值得投资的。但如果未来它的增速突然降为100%，也就是它的PEG变为2，它就是高估了，有可能股价会大跌。不过一般来说，如果一个股票过去3～5年能保持一个平均的利润增速，那么可以认为未来它保持同样的平均利润增速水平可能性是比较大的，因此，过去的利润增速可以用来作为未来几年的利润增速参考。

在估值方法的具体使用中，除了看数值评估股价是高估还是低估外，还要横向和纵向比较一下，看当前的估值水平，和它的历史估值水平相比是高估还是低估。另外还可以跟板块估值相比较，看看它有没有明显超出板块的估值水平。比如格力电器，由于业绩非常稳定，适合用市盈率法，从它的历史市盈率走势来看，它现在处于中等偏下的位置，跟家用电器板块（见下图）相比，它的估值水平也是略低的，那么单从估值看，目前的价位属于有点儿低估，从中长线来看，是比较安全的。市净率也是这样看的，就不多做举例了。

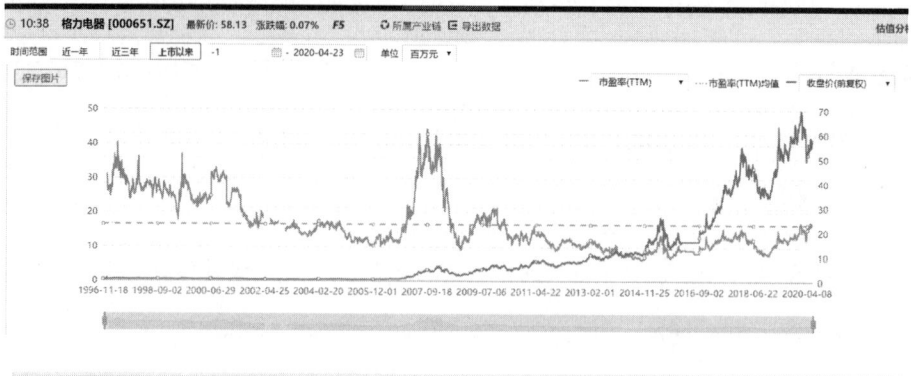

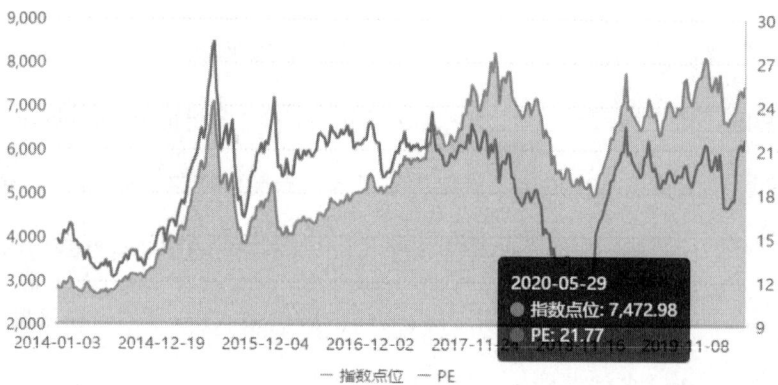

六、从哪里寻找合适的投资标的？次新股板块是个大宝藏

前面分析了价值投资的本质就是去寻找好的生意，然后在好的生意里面去找好的公司，然后等这个好公司有合适的价格再去介入它，剩下的就是等市场的价值回馈。也分别详细讲述了行业的分析方法、公司分析的方法、公司的估值方法。

如果这些方法都学会了，就可以开始去寻找合适的投资标的，那么应该去哪里寻找呢？

一般来说有两种方法：一是从一些市场公认的优秀股票着手，把它们都添加进自选股，等价格合适就可以考虑介入了。这属于偷懒的模式，而且实际效果也很不错，原因就是市场公认的优秀股票，质地都差不到哪里去，而且由于市场已经被研究得很透了，投资风险相对小一点，只需要耐心等待合适的价格就好。

当然，世界上没有那么多的便宜让你白捡，都知道是优秀股票，其他人也都盯着，所以要等到合适的价格很难，等到被低估的价格就更难了，除非遇上市场大跌或者个股遭遇突发的风险，不然优秀股票的估值大概率都不会很便宜。或者，如果市场没问题，优秀股票却很便宜，要不就是它的基本面可能已经发生变化了，要不就是市场风格不站在它那一边了。比如市场流行成长股，对于低估值价值股没兴趣，这时用这种介入方法是没问题的，就是有可能会等很久，买入之前要做好心理准备。

还有一种方法就是从次新股板块寻找，次新股是上市不到一年的股票，从次新股里寻找有一个好处是因为次新股的市值普遍都比较小，成长空间更大，只要公司基本面质地优秀，后面就会有越来越多的机构对它进行研究和介入，因此它就有望成长为长线大牛股。尤其要挖掘10倍大牛股的时候，次新股就是重点要挖掘的板块。

不过开始之前，有几个关键点要注意：一是A股上市是有盈利要求的，所以很多公司为了上市可能会做利润调节，上市前做得很好看，成功上市后就现出原形，不小心就是一个坑；另外，由于A股有炒作新股的习惯，新股一上来就是疯炒一遍，一下子透支了几年的成长空间，所以一般而言，对于上市三年以内的次新股是不用关注的。在实际的操作中，也可以根据每个人的风险偏好，以及标的的特殊情况做区别对待，如果是公认的优秀股票，时间可以放宽。

如果一个公司上市后的一两年内业绩并没有变坏，而是稳定，甚至越来越好，则要重点关注，说明它上市前的业绩是实实在在的，而且公司的经营比较稳健，未来的潜力比较大。另外，还要看解禁期满后，上市公司大股东的减持表现。大股东减持不代表公司质地就不行，但如果是解禁期一过，大股东就集体迫不及待减持，甚至是清仓式减持，则要非常谨慎，说明大股东们心里很清楚，公司是没有太大前途的。

另外，对于次新股，要关注上市公司对主营业务的专注度，对于那些各种蹭热门概念的公司最好离得远远的，说明公司根本无心经营，只是想蹭热点减持套现的垃圾公司。

在具体实操中，可以通过股票软件在远端次新股里面挖掘，先根据行业进行排列，最好是大消费板块，包括消费、医疗等，这是过去几十年A股出牛股最多的板块，接下来这些板块也将继续有大量牛股出现，毕竟十几亿人口的吃喝拉撒，足够产生一个巨大的市场，以及几家优秀的公司。尽量找市值小于100亿元的标的，然后按照公司分析的方法，看看是否是一个潜力股。

这一招在熊市的时候尤其适用，熊市时很多次新股会被严重地杀估值，很可能会出现大量50亿元以下的次新股，而且其中不乏优秀的潜力选手，而它们都是未来10倍股的潜力种子，遇上这样的机会，就一定不要放过。

七、想要研究透一个公司，请把IPO招股说明书读十遍

学习完前面的内容，我们现在通过行业筛选，确定了一个意向公司，那么该从哪里着手去研究呢？最好也是最通用的方法，是从首次公开发行股票并上市招股说明书开始研究起来，也就是从IPO招股说明书着手。

从名称上看大家也可以粗略地知道说明书的内容是什么，既然企业要上市，就会详细介绍公司的发展历史，公司是做什么的，公司的行业情况，包括行业的市场容量，行业的竞争情况，以及行业一些其他竞争对手的情况，公司在行业具备什么样的竞争力，公司的财务情况，公司为什么要上市，公司上市募到的这些资金还有什么规划。这些正是我们分析行业和公司所需要的绝佳材料。所以，要想研究透一个公司，最好把IPO招股说明书仔细读十遍。

要读招股说明书，就先要下载下来，很多财经网站都有，不过建议一般去巨潮资讯网下载就可以了。上面的资讯都比较权威，而且也非常齐全。

如果是第一次见到招股说明书的可能会被吓到：怎么内容那么多，一般的IPO招股说明书少则一两百页，多则几百页，如果都仔细读完，那不知道要读到猴年马月，研究效率会极慢。事实上也没有必要，因为招股说明书上的很多内容都是范式的，并没有太大的实际意义。所以，如何聪明地读招股说明书就非常重要了。

首先要先了解IPO招股说明书的框架。一般而言，一份首次公开发行招股说明书包含17个章节，分别是：

第一节，封面、书脊、扉页、目录、释义

第二节，概览

第三节，本次发行概况

第四节，风险因素

第五节，发行人基本情况

第六节，业务和技术

第七节，同业竞争与关联交易

第八节，董事、监事、高级管理人员与核心技术人员

第九节，公司治理

第十节，财务会计信息

第十一节，管理层讨论与分析

第十二节，业务发展目标

第十三节，募集资金运用

第十四节，股利分配政策

第十五节，其他重要事项

第十六节，董事、监事、高级管理人员及有关中介机构声明

第十七节，备查文件

其次，要懂得合理规划，分清主次，仔细研读重点章节，快速浏览或者略过次要章节。基本上招股说明书的前面三节都是各种套话，可以快速浏览。比如第一节是目录和一些专业词语解释，可以大致浏览，等到后面有疑问的时候再回来翻看就可以了。第二节的概览，相当于招股说明书的一个简略版，可以先读一遍，对公司有一个全面的、初步的了解，好在这部分内容阅读难度也不算大，读起来也不会太费力气。

第四节是风险因素，很多都是格式化内容，没有太大的参考意义，可以快速

浏览。大概知道影响公司的几个主要风险点就行，一般都是价格波动风险，管理风险等，还可以专门留意一下有没有行业独有的风险点，比如外贸行业，汇率风险就是独特而且影响非常大的风险。

第五节是公司的基本情况介绍。包括历史沿革，也就是企业从成立到现在的增资扩股、投资参股、高管变动等情况，意义也不是很大，可以粗略地浏览。

第六节是业务与技术，这是公司研究最核心的内容之一了，必须要重点看，从上面去了解公司所处的行业是什么样子的：行情空间多大？前景如何？竞争格局是怎样的？商业模式是怎样的？公司在行业里的竞争力如何？这节多看几遍，对行业和公司形成基本的了解。

第七节是同业竞争与关联交易。主要看关联交易是什么情况，最好关联交易不要太多，不然很容易存在造假的问题。

第八节主要是公司创始人和高管的履历，大致了解一下，主要看创始团队里有没有行业技术大牛。

第九节，快速浏览。

从第十节开始又很重要了。第十节和十一节主要是财务分析，需要一定的财务专业知识，核心看业绩增长情况，数据太好和太差都要特别关注，了解背后的原因。

第十二节是业务目标，是企业未来三年的发展战略与规划，可以看到企业后续的基本规划，主要关注规划是不是符合实际，另外是不是聚焦主营业务。

第十三节讲了募集资金的运用情况，主要看公司上市后募集的资金有什么用途，以及相应的产出预测之类的。不过很难监控后续企业是不是真的按照这个计划来，所以这一节也可以粗略地看。

第十四节是股利分配，主要是看公司有没有分红计划，没有太重要。

第十五节中重点要关注合同的情况，包括采购合同、销售合同等，相当于是对公司财务情况的一个佐证。

第十六节、第十七节，基本上都是套话，可以快速浏览。

通过分析会发现，虽然招股说明书动辄一两百页，甚至几百页，其实真正重要的最多也就是几十页，只要按照上面说的挑重点的进行阅读和理解就行，这样不仅可以快速了解行业和公司，研究效率也会大大提高，真正做到事半功倍。

八、案例：如何用正确的方式阅读招股说明书

做价值投资需要分析行业和公司，而招股说明书就是最好的研究材料，通过阅读招股说明书，不但可以深入了解这家公司的各种情况，包括主营业务、竞争力、财务状况等，还可以了解公司所处行业的发展情况，包括市场空间、竞争格局、行业集中度、相关政策，以及未来的发展趋势等。但正是因为招股说明书里面内容非常丰富，加上由于证监会对招股说明书也有相应的范式指导，行话、套话也不少，结果动不动就是几百页，因此必须有相应的阅读技巧。上一节讲了招股说明书的阅读技巧，这一节用皇马科技作为案例来演示一下，如何用正确的方式来阅读招股说明书。

招股说明书下载下来后，前面就是封面、声明、承诺和释义等，这部分内容很多都是范式内容，基本上都是套话，新手可以读一下，相当于熟悉一下招股说明书的范式，老手可以快速浏览，一般都没有特殊的内容，见下图。

目　录

发行概况 ··· 2

声明及承诺 ··· 4

目　录 ·· 5

重大事项提示 ·· 10

一、本次发行的相关重要承诺的说明 ·················· 10

二、公司发行上市后股利分配政策 ···················· 25

三、公司上市后三年利润分配规划 ···················· 28

四、本次发行完成前滚存利润的分配安排 ·············· 28

五、本公司特别提醒投资者注意风险因素中的风险 ······ 29

第一节　释义 ·· 34

一、普通术语 ······································ 34

二、专业术语 ······································ 38

第二节　概览 ·· 41

一、发行人概况 ···································· 41

二、发行人控股股东与实际控制人简介 ················ 42

三、发行人主要财务数据 ···························· 42

四、本次发行情况 ·································· 44

第二节是概览部分，它是招股说明书主体内容的简化版，可以帮助投资者快速掌控公司情况，可以多读几遍。对于比较重要的内容可以标记出来，方便后面阅读的时候快速把握重点内容，见下图。

（二）公司主营业务情况

公司自成立以来一直专注于特种表面活性剂的研发、生产和销售。特种表面活性剂下游应用广泛，少量的使用便可对工业产品形成改性的效果，可以广泛应用到有机硅、润滑油及金属加工液、环保涂料、复合新材料、特种纤维、农化助剂等多个下游领域。公司致力于打造一个产品种类丰富、应用广泛、品质过硬的世界性的特种表面活性剂研发、生产和销售平台。

二、发行人控股股东与实际控制人简介

发行人控股股东与实际控制人为王伟松、马荣芬夫妇。截至本招股说明书签署日，王伟松直接持有发行人 3,900 万股股份，直接持股比例为 26.00%；马荣芬直接持有发行人 700 万股股份，直接持股比例为 4.67%；王伟松、马荣芬通过皇马集团间接持有发行人 2,000 万股股份，间接持股比例为 13.33%；并通过多银多间接控制发行人 2,000 万股股份，间接控制比例为 13.33%；马荣芬通过世荣宝盛间接控制发行人 1,500 万股股份，间接控制比例为 10.00%；王伟松和马荣芬系夫妻关系，两人合计直接和间接控制公司 67.33% 的股份。

四、本次发行情况

（一）本次发行情况

本次发行前公司总股本为 15,000 万股，公司公开发行的股份数量不低于公司发行后股份总数的 25%，且不超过 5,000 万股，本次发行全部为新股发行，原股东不公开发售股份。

（二）募集资金运用

根据公司 2016 年第二次临时股东大会审议通过的《关于募集资金运用方案》的议案，若本次股票发行获得成功，募集资金扣除发行费用，将投资于"年产 8.5 万吨高端功能性表面活性剂项目""年产 10 万吨特种表面活性剂新型智能化综合技改项目"和"研发中心建设项目"，预计项目总投资 71,526.00 万元，其中募集资金投入 47,301.79 万元。公司本次公开发行新股的实际募集资金扣除发行费用后全部用于公司主营业务相关的项目。若本次发行实际募集资金额与项目需要的投资总额之间仍存在资金缺口，将由公司自筹或通过其它融资方式予以解决。

从第二节可以看出皇马科技主要是做特种表面活性剂的，是一个化工企业，而且创始人夫妇高度控股，通过集团和子公司直接和间接控制了67.33%的股份。

第三节没有太大关系，粗略浏览就好，见下图。

三、与本次发行上市有关的重要日期

初步询价推介时间	2017 年 8 月 7 日至 2017 年 8 月 8 日
刊登发行公告的日期	2017 年 8 月 11 日
申购日期和缴款日期	2017 年 8 月 14 日和 2017 年 8 月 16 日
预计股票上市日期	本次发行结束后将尽快申请在上海证券交易所挂牌交易

第四节是风险因素，一般也是套话，无非就是市场竞争风险、原材料价格波动风险等。不过不同的行业也会有一些特殊的风险，比如化工股有环保政策方面的风险，并购比较多的公司有业务整合的风险，从这个风险因素里可以粗略了解公司主营业务的行业特点，见下图。

第四节　风险因素

投资者在评价公司本次发行的股票时，除本招股说明书提供的其他各项资料外，应特别认真地考虑下述各项风险因素。下述风险根据重要性原则或可能影响投资者决策的程度大小排序，但该排序并不表示风险因素会依次发生。

一、业务风险

（一）市场竞争的风险

我国表面活性剂行业市场竞争呈现分化趋势，在减水剂应用板块等大品种产品领域竞争激烈，该类产品透明度较高，产品议价能力较低，产品利润趋于行业平均利润；在有机硅应用板块、高端润滑油板块、节能环保涂料应用板块等小品种产品领域，国内企业研发、生产能力不足，因此该类产品议价能力较强，产品利润率较高。随着经济全球化的推进以及中国成为全球最重要的化学品消费市场，国外化工企业纷纷在国内建厂或者设立销售机构，使得国内的特种表面活性剂企业不仅面临国内生产企业的竞争，也面临着国外精细化工巨头的竞争。如果未来公司研发能力无法持续快速提升，未能抵挡来自国内企业与国外精细化工巨头带来的竞争，则公司盈利能力将出现下降。

第五节开始详细介绍公司的情况了。一般来说该节有一部分内容是介绍股权变化历史，但这部分内容十分枯燥，实际意义也没有特别大，粗略看一下就好，但组织结构那里可以重点看看，对公司的股本情况有基本的了解就可以了，见下图。

截至本招股说明书签署日，发行人的外部组织结构图如下：

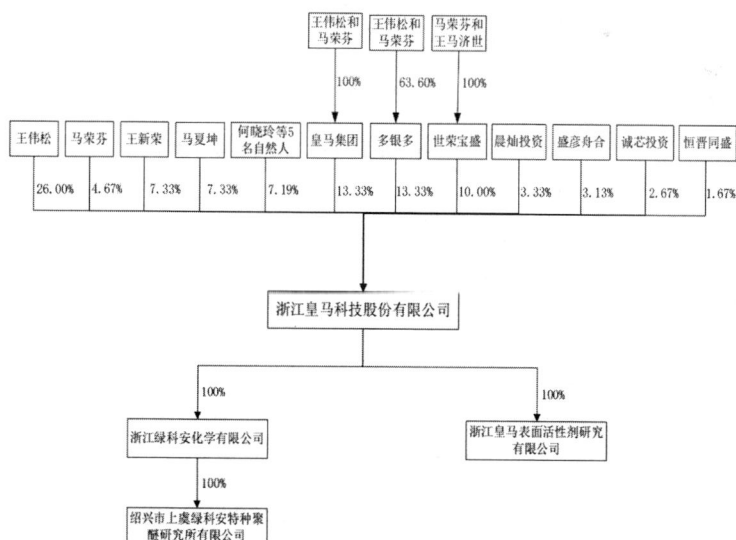

注：王伟松与马荣芬系夫妻关系，王马济世系王伟松、马荣芬夫妇之子。

这一节里还有一个重点,涉及资产并购的则重点看看并购资产的盈利能力,如果并购资产比较多,而且所并购的资产盈利能力又很糟糕的,尤其跟主营业务没有太大关联的,对这样的公司考量时必须谨慎一点。

另外,员工的专业、学历结构也要关注一下,越是高科技企业,研发人员比例和高学历员工比例越应更高,从人员结构层面可以反映企业的科技含量,见下图。

2. 公司在册员工的专业、学历、年龄结构情况

(1) 截至报告期末,按员工专业构成分类

专业结构	员工人数(人)	占员工总数比例(%)
技术人员	124	18.40
管理人员	94	13.95
生产人员	422	62.61
销售人员	34	5.04
合计	**674**	**100.00**

(2) 截至报告期末,按员工受教育程度分类

受教育程度	员工人数(人)	占员工总数比例(%)
本科及以上	95	14.09
大专	107	15.88
高中及以下	472	70.03

第六节极其重要,公司是做什么的、公司所处的行业等重要信息都在这一节了,见下图。

第六节 业务与技术

一、发行人的主营业务、主要产品及主营业务收入情况

(一) 主营业务概况

公司自成立以来一直专注于特种表面活性剂的研发、生产和销售,依托强大的科研力量和技术储备,以板块模式大力发展各类特种表面活性剂产品,致力于打造一个产品种类丰富、应用广泛、品质过硬的世界性的特种表面活性剂研发、生产和销售平台。

公司自设立以来主营业务未发生重大变化。

表面活性剂是指分子结构为两亲性结构(亲水基亲水、疏水基亲油)的一类两亲化合物,加入少量能使其溶液体系的界面状态发生明显变化。其中,分子的一端是亲油基(疏水基),另一端是亲水基。根据相似相容原理,当其在水中溶解时,水对于亲水基的亲和力比较强,而对于疏水基有一种排斥力。这种排斥力使疏水基有从水中逃逸的趋势,从而使分子在水的表面发生富集,形成分子在水和空气界面的定向单分子层吸附。

每种表面活性剂的性质都有特殊要求，技术开发难度较高。长期以来，我国在表面活性剂领域与国外存在差距很重要的原因在于功能性、小品种的特种表面活性剂的品种、开发及应用落后于发达国家，特种表面活性剂主要依赖于进口，导致我国在新材料领域、高端装备领域和国外存在差距。以特种表面活性剂在高分子新材料中的应用为例，特种表面活性剂作为高分子新材料中十分重要的改性剂和工业添加剂，其性能影响、制约着相关高分子新材料行业的发展。具体而言，特种表面活性剂在合成树脂方面可制作特种纤维高分子新材料，应用于航空航天（如飞机机身、螺旋桨叶、雷达罩）、风能发电（如风叶、基础罩）、复合材料端体、电子电器（手机外壳、复合电缆支架）等高端领域。

比如，案例中的皇马科技，从招股说明书来看，公司的主营业务还是具有一定技术含量的，而且公司产品的下游应用方向非常多，多达数千种。一般而言，化工产品具有较强的周期性，而活性剂的下游应用方向非常多，则它的周期性很可能不会很强。

1. 公司主要的产品

目前公司生产的特种表面活性剂 1 300 余种，按照其应用领域分类可以分为十大板块，具体如下图所示。

序号	板块名称	板块简称
1	环保多元型聚羧酸减水剂用高分子聚醚板块	减水剂应用板块
2	有机硅新材料改性用高性能聚醚板块	有机硅应用板块
3	纺织印染助剂用绿色新型表面活性剂板块	印染助剂应用板块
4	节能环保涂料用高端功能性表面活性剂板块	涂料应用板块
5	高端润滑油及金属加工液用高性能合成酯及特种聚醚板块	润滑油及金属加工液应用板块
6	农化助剂用绿色高效表面活性剂板块	农化助剂应用板块
7	特种纤维用功能性纺丝油剂应用板块	纺丝油剂应用板块
8	复合新材料用高性能多用途表面活性剂板块	复合新材料应用板块
9	水处理用新型高效表面活性剂板块	水处理应用板块
10	个人护理用生态安全型高端表面活性剂板块	个人护理应用板块

除了主营业务，公司的经营模式也要关注一下，仔细思考是不是适合公司所处的行业，见下图。

公司从 2005 年开始实施板块营销模式，由最初的印染助剂应用板块发展到目前的 10 大板块，形成了成熟、成长和培育各阶段产品相互补充的梯队结构。根据下游板块的特点，公司建立了分行业、专业化营销的模式，通过技术营销、团队营销、服务营销、品牌营销深入服务下游客户。通过板块营销模式，一方面公司会逐步增加新的盈利性较好的新板块，使得公司的产品构成更为合理；另一方面，通过与现有客户的深入合作，充分挖掘客户潜在需求，不断推出符合客户需求的新产品，丰富产品种类，扩大销售规模。

（2）"大品种调结构、功能性小品种创盈利"的经营策略

公司产品中，减水剂应用板块为大品种板块，其产品主要应用于建筑行业，公司生产的聚羧酸聚醚单体是作为减水剂生产的最重要的中间体，因建筑业总体规模较大，因此减水剂应用板块需求基数较大。此外，我国从 2005 年开始开发聚羧酸减水剂，市场技术较为成熟，市场竞争化程度较高，盈利能力趋于市场化。有机硅应用板块、润滑油板块等其余板块为小品种板块，其下游应用领域较为分散，个性化差异较大，定制化需求较高，技术要求较高，进入壁垒较高，盈利能力较高。公司始终秉承"大品种调结构、功能性小品种创盈利"的经营策略，通过大品种板块产品稳定原材料的供应，通过小品种板块保持和提升盈利水平。

公司产品的原材料占成本的比例很重要，会影响产品的成本，甚至影响产品生产，需要关注一下，包括上游的供应商情况，见下图。

公司的主要原材料是环氧乙烷和环氧丙烷，其中环氧乙烷、环氧丙烷占原材料采购总量的 80% 左右。国内环氧乙烷和环氧丙烷的供应商主要有中国石油、中国石化等大型国企，这些供应商对下游客户的采购规模和计划性要求较高，同时受装置检修等因素的影响，环氧乙烷的产量会出现短期的波动，此时供应商会优先保证长期大客户的供应。为了保证公司环氧乙烷的长期稳定供应，公司在实践中遵循"大品种调结构、功能性小品种创盈利"的经营策略。一方面，维持大品种产品的生产和销售，减水剂应用板块作为大品种产品虽然毛利率相对较低，但对环氧乙烷的使用量较大，从而使得公司环氧乙烷的采购可以达到一定的规模，保证公司在供应商中的优势地位。此外，在环氧乙烷供应紧张时，公司可以根据生产经营需要，通过大小品种产品生产结构的调整，优先保证毛利率较高的小品种产品的生产，提升公司整体盈利能力；另一方面，公司通过推进板块营销战略，深入挖掘下游客户需求，通过"定制化"开发的方式重点发展进入壁垒高、盈利能力较强的小品种产品市场。不同于减水剂应用板块产品主要原材料为环氧乙烷，小品种产品采用环氧乙烷、环氧丙烷复合使用，生产难度大大增加，技术含量较高，相应盈利能力也较高。

公司所处的行业的发展情况特别重要，必须重点研读。从例子来看，皇马科技的行业空间是越来越大的，但现在该行业还在大力发展阶段，一些技术含量比较高

的品种依然被国外企业垄断，说明该行业存在国产替代国外产品的空间，见下图。

我国的精细化工行业虽然起步较慢，但经过几十年的发展，随着我国在工业上取得突飞猛进的发展，在精细化工行业也取得了长足的发展。精细化工产品不仅基本满足了国民经济发展的需要，部分产品还具有一定的国际竞争能力，实现了出口。然而，在企业规模和高科技产业领域等方面，我国精细化工行业的整体水平仍然偏低。就整体而言，我国的精细化工行业的技术水平较低，自主知识产权较少，产品附加值较小，大部分精细化工企业规模较小，难以形成产业的规模效应。另外，我国在精细化工领域的创新程度相对较低，更多的是依靠国家科研机构或者国外技术同行的合作或授权，这使得我国精细化工企业的利润空间被大大压缩，大部分企业的研发能力还较为薄弱，这也导致我国在精细化工领域和发达国家相比存在较大的差距。随着国家产业政策的持续支持和引导，部分精细化工生产企业科研水平不断提高，精细化工行业未来发展的市场空间十分广阔。

（2）我国表面活性剂行业基本情况

我国表面活性剂行业的发展和我国精细化工行业整体的发展相似，均为起步较晚，但是发展较快。目前已建立了一定的产业规模，尤其是大品种表面活性剂的生产能力有较大的提高，可以满足国内的基本需求，但是小品种、技术含量高、产品质量高以及具有特殊功能的特种表面活性剂新品种仍然不足。

2. 行业发展趋势

（1）特种、定制的表面活性剂市场将逐步扩大

随着精细化工的发展，客户对表面活性剂的性能将提出更高的要求和更多样化、具体化的需求，将促进表面活性剂行业走向更加专业化和定制化的发展方向。主要体现在以下两个方面：

①特种功能性表面活性剂将会大力发展。例如含硅表面活性剂不仅具有耐高温、耐气候老化、无毒、无腐蚀及较高生理惰性等特点，还具有较高表面活性、乳化、分散、润湿、抗静电、消泡、稳泡等性能，是重要特殊表面活性剂品种。如聚硅醚类表面活性剂，在不同温度范围内，既可用作消泡剂，也可用作稳泡剂，具有重要的应用价值。

②随着下游客户需求的日益多样化，表面活性剂行业将逐渐出现定制化的发展趋势。

公司处于产业链的哪个位置也非常关键，既可以研究清楚决定公司成本的因素，也有助于通过下游行业的景气度来反推公司的投资机会。

（三）行业与上下游行业之间的关联性

1. 特种表面活性剂行业的产业链

特种表面活性剂行业属于精细化工产业，位于整个化工产业链的中端，上游为以石油为基础原料和以天然油脂为原材料的生产行业，下游应用涉及各个领域，主要为水处理、玻纤、涂料、建筑、油漆、日化、油墨、电子、农药、纺织、印染、化纤、皮革、汽车工业、航天航空等多种工业品生产行业，下游行业需求的不断扩大对特种表面活性剂行业具有较大带动作用。部分产业链如下图所示。

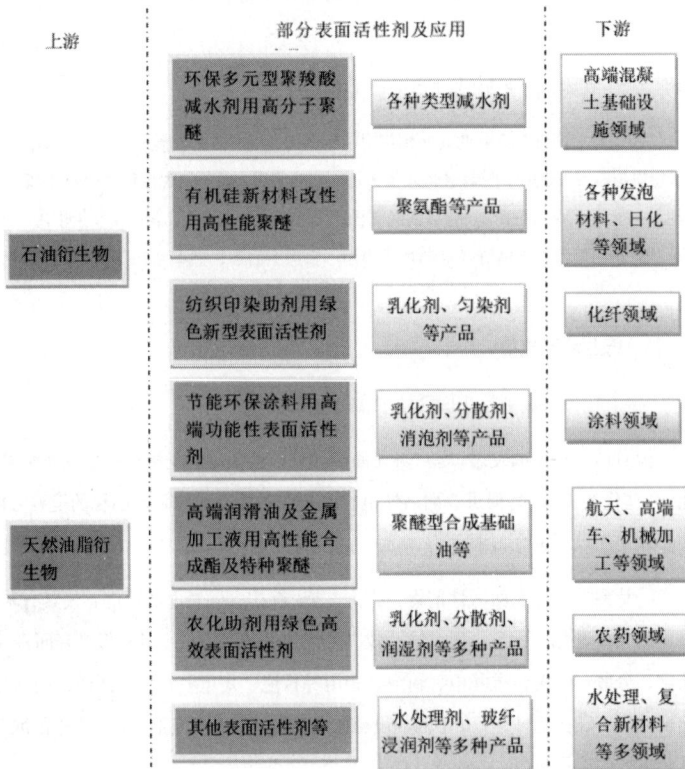

④行业竞争及产能产量情况

国内涂料行业同质化竞争激烈，产品附加值偏低，产业集中度较低，我国涂料企业仍很分散，大型企业规模与一些国际知名涂料企业仍有差距。国内涂料企业处于转型升级中，高性能涂料的市场仍在发展中，目前整体市场规模不大，公司涂料应用板块产品作为高端涂料产品的上游也处于发展阶段。

⑤终端产业是否属于产能过剩、宏观调控限制、供给侧结构性改革限制等行业，是否可能对公司经营产生重大不利影响。

（三）进入所处行业的主要壁垒

1. 技术研发、信息和人才壁垒

特种表面活性剂产品种类很多，下游应用广泛，可以应用到有机硅、润滑油及金属加工液、环保涂料、复合新材料、特种纤维、农化助剂等多个下游领域，市场前景广阔。特种表面活性剂作为"工业味精"，少量的使用便可对工业产品形成改性的效果。虽然在单个化工产品的加工生产中使用量较小，但是每种特种表面活性剂的性质要和下游行业相结合，有其特殊要求，技术开发难度较高。因此，特种表面活性剂属于边缘产品，具有多学科交叉的特点，产品的开发不仅需要强大的技术能力，还需要对下游行业的发展方向、市场需求有很好的理解，对多学科的技术整合能力要求高。

基于上述特点，特种表面活性剂产品的开发主要为个性化、定制化的开发，需要根据客户的生产需求及时调整产品的技术指标和分子结构，并且快速进行产品的研发和生产。特种表面活性剂的生产企业需要拥有多品种，多规格的特种表面活性专业化研发生产能力来满足客户个性化、多样化的需求。

四、发行人所处行业市场情况分析

（一）所处市场供求关系

1. 国际市场需求趋势

表面活性剂在发达国家已经经历了很长的发展周期，在全球市场保持着一个较为稳定的量，据统计，2012 年全球表面活性剂的市场规模已达到 1,226.5 万吨。在全球各个经济体中，亚洲市场在表面活性剂的市场规模增长较快，在全球的份额上升至 38%，已经超过了饱和的欧美市场。

2．国内市场的需求情况及其变化趋势

公司生产的表面活性剂主要为非离子表面活性剂，近20多年来，非离子表面活性剂发展极为迅速，应用越来越广。在未来较长时期内，国内非离子表面活性剂特别是新型的表面活性剂的消费量仍将会保持较高的增长速度；同时，随着我国国内表面活性剂生产企业技术水平的提高和生产规模的不断扩大，我国表面活性剂产品的国际竞争力将进一步提高，将减少部分高端产品对国外的进口依赖。

公司生产的表面活性剂可以被加工或复配成各种不同类型助剂应用到下游各个领域，例如有机硅用聚醚可以加工成匀泡剂、稳泡剂应用到聚氨酯发泡材料中，可以加工成密封胶应用到建筑领域，可以加工成柔软剂应用到造纸领域，还可以加工成光亮剂应用到皮革领域；高端润滑油及金属加工液用高性能合成脂及特种聚醚可以用于加工合成基础油，应用到高端的汽车润滑油、刹车液以及金属加工清洗液中；减水剂用聚醚被制成减水剂应用到混凝土基建中，等等。

从说明中可以看到，公司的业务未来发展速度和空间还是可以的。

五、发行人的行业竞争地位分析

（一）行业竞争格局

发行人所处的表面活性剂行业目前整体竞争比较激烈，国内共有4,000余家企业从事表面活性剂的生产和经营，但是整体规模较小，产销量超过万吨的企业不足20家，单个企业对行业的影响力不大。经过过去两年激烈的行业竞争，迫于成本和市场竞争的双重压力表面活性剂下游企业对表面活性剂供应商的选择更加慎重，市场向行业内规模大、口碑好、产品质量高的企业集中的趋势明显，部分技术水平较低、产品单一、客户和市场结构单一、研发能力不强的表面活性剂企业面临产品销量和销售利润严重下滑的局面，被迫减产甚至停产。同时，化工企业属于环保重点监管行业，小企业由于资金限制，基础设施很难满足环保要求，行业整合的需求很大。

公司大品种板块可比国内上市公司有科隆精化、奥克股份，该板块的上市公司规模较大，资产总额都超过10亿，年产量都超过10万吨，已形成规模效应，营业收入较高，但利润水平相对较低。根据《国际环氧乙烷及衍生表面活性剂技术交流会论文集》统计，2016年我国减水剂聚醚单体的消费量达到110万吨，公司的减水剂板块2016年的产品销售量为9万吨左右，以此测算，公司的市场占有率为8%左右。公司小品种板块可比国内上市公司主要是晨化股份，该板块的上市公司规模相对较低，晨化股份的资产总额在10亿以内，整体营业收入规模不大，但毛利率较高。小品种板块产品的定制化程度较高，目前成规模的企业较少，整体竞争程度较低，毛利率相对较高，未来市场空间较大。

公司处于华东地区，减水剂应用板块产品在华东、华南、华中地区销售较为集中，已形成一定的规模效应，目前行业规模较小的企业逐渐在被淘汰，市场向行业内规模大、口碑好、产品质量高的企业集中的趋势明显。公司小品种板块中产品的销售主要集中在华东、华南和境外地区，部分产品达到国际水平，已被多家国外知名化工企业采购，实现了出口；目前国内小品种板块产品整体的市场规模相较大品种较小，形成的规模的企业不多，公司在小品种领域产品种类较多，2016年度的销量已超过5万吨，处于行业前列。

公司围绕板块进行业务发展，大力发展各个板块，开拓板块的下游应用市场，加强研发，丰富各个板块的产品，同时根据政策环境以及市场需求情况，实现各个业务板块的新老替换，将公司的生产、研发资源倾向于绿色、高效、功能性、高附加值的板块领域，实现公司的持续高速增长。

但如果公司板块开发进度较慢或者板块拓展不够深入，新板块的市场前景不达预期，则可能存在发展瓶颈。为应对该种情况，公司具体将从以下两方面实施板块业务开发计划：

1. 公司将立足于现有的板块产品市场，拓展新型板块市场，积极研制各板块中的重点产品，开发具有自主知识产权的新型环保特种表面活性剂，着力解决行业关键技术问题，促进全国特种表面活性剂行业进步。

2. 公司重点挖掘现有特种表面活性剂产品的应用领域，建立产品应用研究平台，加大产品应用试验研究，提高产品应用性能和下游使用效果。

（二）主要竞争对手的简要情况

1. 主要竞争对手简介

从竞争对手的分类来看，主要分为两大类，一类为国外精细化工巨头，一类为国内的特种表面活性剂生产商。

随着，经济全球化以及中国成为全球最重要的化学品消费市场，国外的竞争企业巴斯夫、禾大等纷纷在国内建厂或者设立销售机构，使得国内的特种表面活性剂企业不仅面临国内生产企业的竞争，也面临着国外精细化工巨头的竞争。

公司专注于特种表面活性剂行业，生产销售的产品涉及表面活性剂的各个领域，覆盖范围较广，该种业务布局和国内外的竞争对手有较大的差别。国内的竞争对手往往只专注于其中一个领域，比如江苏钟山化工有限公司在有机硅新材料改性用高性能聚醚领域和公司形成竞争，南京威尔化工有限公司在高端润滑油及金属加工液用高性能合成酯及特种聚醚领域和公司形成竞争，而科隆精化和奥克股份则在减水剂用聚醚领域和公司形成竞争；而国外的竞争对手基本都是化工领域的行业巨头，比如陶氏化学、巴斯夫、英国禾大等，该类公司生产的精细化工产品涉及各个领域，表面活性剂所占的销售份额较少。具体情况如下表所示。

行业的竞争格局是非常重要的内容，不但可以看到行业的竞争情况，而且同行业的公司也可以作为估值的参考标准。

从上面可以看到皇马科技所处的行业很分散，竞争也比较激烈，公司在行业中处于前列，有些竞争实力，但还是要面对国内外同业的激烈竞争。

公司的员工构成要关注一下，尤其是从事高科技的行业，对人员的素质要求更高，必须有相应的专业人才。如果一个公司号称自己是高科技企业，但公司占比最多的还是生产人员和销售人员，那说明这样的公司也不是什么高科技公司，或者它的竞争力其实很一般。

（1）截至报告期末，按员工专业构成分类

专业结构	员工人数（人）	占员工总数比例（%）
技术人员	124	18.40
管理人员	94	13.95
生产人员	422	62.61
销售人员	34	5.04
合计	**674**	**100.00**

（2）截至报告期末，按员工受教育程度分类

受教育程度	员工人数（人）	占员工总数比例（%）
本科及以上	95	14.09
大专	107	15.88
高中及以下	472	70.03
合计	**674**	**100.00**

（3）截至报告期末，按员工年龄分类

年龄区间	员工人数（人）	占员工总数比例（%）
30 岁以下	155	23.00
31—40 岁	168	24.93
41—50 岁	205	30.42
51 岁以上	146	21.65
合计	**674**	**100.00**

公司与同行业中其他竞争对手在偿债能力方面进行比较，如果是低于同行业的，要重点关注原因是什么。另外从公司的主要原材料采购的金额及占比，可以了解公司利润可能会受哪些因素影响，以及供应商的集中度情况，见下图。

2. 同行业上市公司偿债能力比较

公司主要从事特种表面活性剂系列产品的研发、生产与销售。按照证监会行业分类的标准，公司属于化学原料和化学制品制造业，因此，选取了同属化学原料和化学制品制造业中产品较为接近的上市公司进行财务比较，基本情况如下：

公司名称	股票代码	主要产品
科隆股份	300405	以环氧乙烷为主要原料的精细化工新材料系列产品研发、生产与销售
奥克股份	300082	聚醚单体、多晶硅切割液、聚乙二醇等化工产品的生产与销售
晨化股份	300610	以氧化烯烃、脂肪醇、硅氧烷等以主要原料的精细化工新材料系列产品的研发、生产和销售

报告期内各期期末，发行人与上述同行业上市公司的偿债能力比较如下：

主要财务指标		科隆股份	奥克股份	晨化股份	平均值	本公司
流动比率（倍）	2016.12.31	1.46	1.63	5.59	2.89	1.06
	2015.12.31	1.37	1.46	5.50	2.78	1.03
	2014.12.31	1.64	1.65	3.38	2.22	1.08
速动比率（倍）	2016.12.31	1.25	1.46	4.50	2.40	0.81
	2015.12.31	1.17	1.23	4.12	2.17	0.73
	2014.12.31	1.41	1.48	2.48	1.79	0.94
资产负债率（%）	2016.12.31	47.30	41.89	16.91	35.37	48.18
	2015.12.31	54.58	43.15	16.40	38.04	54.70
	2014.12.31	55.58	40.27	25.73	40.53	66.69

资料来源：巨潮资讯网。

报告期内，公司的流动比率与速动比率均低于可比上市公司平均值，且公司资产负债率均高于可比上市公司平均值，原因系公司目前正处在业务的扩张期，需要不断通过自身经营积累和合理的外部融资取得资金，但公司目前融资渠道略显单一，直接融资渠道有限，主要通过间接融资的方式解决融资问题，因此流动比率、速动比率低于同行业上市公司，资产负债率高于同行业上市公司。公司迫切需要通过适当的股权融资增强资金实力，优化财务结构，降低经营成本。此外，2015 年公司资产负债率下降较为明显，主要因为公司 2015 年进行了 2 次增资，从而补充了公司运营资金的需求，减少了借款规模并清理了关联方资金拆借款，使得资产负债率明显下降。

报告期内各期，公司主要原材料的采购金额及占材料采购总额的比例如下：

期 间	项 目	采购数量 （吨）	采购额 （万元）	采购单价 （元/吨）	占 比
2016 年	环氧乙烷	109,519.28	77,774.07	7,101.40	67.10%
	环氧丙烷	14,340.18	11,228.86	7,830.35	9.69%
	异丁烯	4,223.94	2,784.47	6,592.12	2.40%
	C12-14 醇	652.6	829.06	12,704.95	0.72%
	十八伯胺	744.88	826.81	11,099.94	0.71%
	烯丙醇	1,848.58	2,622.77	14,188.03	2.26%
	蓖麻油	554.09	490.47	8,851.89	0.42%
2015 年	环氧乙烷	103,708.70	69,965.89	6,746.39	66.79%
	环氧丙烷	11,052.16	10,523.56	9,521.72	10.05%
	甲基烯丙基氯	50.35	54.88	10,899.70	0.05%
	异丁烯	5,744.02	4486.38	7,810.52	4.28%
	氯气	6,522.94	451.83	692.68	0.43%
	C12-14 醇	584.27	460.67	7,884.54	0.44%
	十八伯胺	457.80	521.34	11,387.94	0.50%
	烯丙醇	1,341.24	1,921.56	14,326.73	1.83%
	蓖麻油	428.08	430.72	10,061.67	0.41%
2014 年	环氧乙烷	80,056.53	71,756.12	8,963.18	67.43%
	环氧丙烷	9,645.00	11,413.00	11,833.07	10.73%
	甲基烯丙基	2,760.00	4,371.00	15,836.96	4.11%

3. 公司向前五名供应商采购的情况

（1）报告期内前五大供应商

报告期内，公司向前五名供应商的采购金额及占当期营业成本的比例如下：

单位：万元

期 间	序 号	供 应 商	采 购 额	所占比例
2016 年	1	中石化系	62,153.46	51.11%
	2	三江化工有限公司	15,620.61	12.84%
	3	宁波镇海炼化利安德化工销售有限公司	10,958.11	9.01%
	4	南京新化原化学有限公司	3,266.54	2.69%
	5	扬子石化-巴斯夫有限责任公司	2,242.30	1.84%
		合计	94,241.02	77.49%

公司营业收入和利润也值得关注，包括营收和利润数额、营收收入地区分类等，对于不同年份的收入差别要仔细查看具体原因。

二、盈利能力分析

（一）营业收入情况分析

报告期内，公司营业收入的构成情况如下：

单位：万元

项　　目	2016 年度		2015 年度		2014 年度	
	金额	比例（%）	金额	比例（%）	金额	比例（%）
主营业务收入	150,088.00	99.99	137,706.20	99.78	136,272.90	99.98
其他业务收入	9.44	0.01	304.90	0.22	20.61	0.02
合计	150,097.43	100.00	138,011.10	100.00	136,293.51	100.00

报告期内，公司营业收入持续增长，公司主营业务突出。报告期内，各期主营业务收入占营业收入的比例均在99%以上。公司的其他业务收入主要系销售废料收入。

板块名称	2016 年度		2015 年度		2014 年度	
	金额	比例（%）	金额	比例（%）	金额	比例（%）
减水剂应用板块	79,350.44	52.87	74,866.13	54.37	72,386.43	53.12
大品种板块	79,350.44	52.87	74,866.13	54.37	72,386.43	53.12
有机硅应用板块	37,112.11	24.73	32,011.19	23.25	32,670.43	23.97
印染助剂应用板块	15,345.24	10.22	15,644.89	11.36	16,389.72	12.03
涂料应用板块	5,571.76	3.71	4,140.64	3.01	3,416.14	2.51
润滑油及金属加工液应用板块	3,361.76	2.24	3,626.54	2.63	3,028.43	2.22
农化应用板块	4,442.71	2.96	2,668.89	1.94	2,454.76	1.80
"其他"板块	4,903.97	3.27	4,747.93	3.45	5,926.98	4.35
小品种板块	70,737.55	47.13	62,840.07	45.63	63,886.47	46.88
合计	150,088.00	100.00	137,706.20	100.00	136,272.90	100.00

2. 按地区分类主营业务收入分析

报告期内，公司的主营业务收入包括境内和境外销售收入，境内外收入具体分布情况如下：

单位：万元

地　　域	2016 年度		2015 年度		2014 年度	
	金额	比例(%)	金额	比例(%)	金额	比例(%)
境内	130,597.37	87.01	119,589.07	86.84	122,947.23	90.22
境外	19,490.62	12.99	18,117.12	13.16	13,325.66	9.78
合计	150,088.00	100.00	137,706.20	100.00	136,272.90	100.00

（1）主营业务收入变动的总体原因分析

报告期内，公司的主营业务收入逐年增长，2015 年度、2016 年度分别较上年增长 1.05%和 8.99%。

①2015 年公司主营业务收入较去年同期增长 1.05%，小幅增长，主要原因包括：

A. 市场因素

2015 年，公司主要原材料环氧乙烷、环氧丙烷市场价格明显下降，影响了公司产品的销售价格，导致产品销量较上年增长 31.72%但同期销售收入较上年增长 1.05%，增幅较小。具体详情参见下文"（2）主营业务收入变动的具体影响因素分析"。

B. 板块营销战略的有效实施

公司坚持板块营销战略，继续稳定大品种板块销售规模，通过保持大品种产品销售规模以稳定原材料的供应，在此基础上积极开发小品种板块产品及其应用技术，不断增加小品种板块推广力度，优化产品结构，提高盈利能力。2015 年，公司大品种产品销售收入为 74,866.13 万元，较上年的 72,386.43 万元增长 3.43%，

公司研发费用也要重点关注一下，越是高科技行业，研发费用占比越高，只有保持足够的研发投资才能一直保持足够的竞争力，见下图。

项　　目	2016 年度	2015 年度	2014 年度
研发费用	3,011.70 万元	3,266.37 万元	3,339.44 万元
销售收入	84,626.67 万元	96,790.26 万元	103,761.36 万元
研发费用占比	3.56%	3.37%	3.22%

　　根据《高新技术企业认定管理办法》，最近一年销售收入在 20,000 万元以上的企业，研究开发费用总额占销售收入总额的比例不低于 3%。依据上表，报告期内公司研发费用占销售收入的比例均超过上述比例要求，且呈现逐年上升的趋势，同时根据公司目前的实际情况、市场的实际需求以及对未来的规划，公司将持续增加研发投入。

　　其他的还包括财务分析等内容，不过财务分析非常琐碎，就不逐一展开讲了，总的来说就是招股说明书的内容最好都简单过一遍，重要的内容多读几遍，尤其要弄懂公司做的是一门什么样的生意，前景如何？公司的竞争力如何？再综合判断公司未来的发展潜力。比如举例的皇马科技，从招股说明书就可以看出来，公司所处的行业竞争总体还是比较激烈的，好在公司自身还是具备一定竞争力的，行业的发展空间也比较大，公司长期也有不错的表现，但必须保持密切跟踪。

九、学点读研报的技巧，让券商来帮你研究公司

　　做价值投资就要研究行业和公司，好的研究材料莫过于公司的IPO招股说明书，前面的章节讲了如何聪明地阅读招股说明书。但要想把研究做扎实、做透，只是看招股说明书还远远不够，必须还得看财报分析和一些券商的研究报告。财报分析会用专门的章节来讲解，这一节讲讲该如何看券商研究报告。

　　首先，大家一定要树立一个观念，就是千万不要神化券商研究报告。如果不是从业人员，或者比较资深的投资者，可能会认为研究报告是很厉害的，说的一

切都是对的。而事实上，对于券商，尤其是那些专门写研究报告的研究员来说，写研究报告就是他的日常作业，而且很多也都是套路写作，很多研究报告给人内容丰富、数据也很扎实的感觉，但其实研究员可能根本就没有实地调研过，可能就是抄抄别人的研究报告或数据，自己再改一改就好了。不信你们多读一读研究报告就知道了，同一家公司，不同券商的研究报告相似度是非常高的。

之所以让大家不要神化研究报告，就是让大家理性地对待研究报告，事实上在从业人员或者说资深投资者看来，很多研究报告根本不值得一看。好的研究报告跟好的股票一样，都是很稀缺的，每天几十家券商可能会生产几百甚至几千份研究报告，质量可想而知。但之所以做价值投资还要看一下券商的研究报告，是因为它确实也是有一些作用的。一方面证券公司确实是需要更多的专业人才专门做这个研究；另一方面就是证券公司的研究员可以实地调研或者依靠平台的能力，可以获取更多的数据，对分析公司和行业会有帮助。所以，如何聪明地去阅读证券公司的分析报告就显得非常重要了。根据我们的经验，一般而言，阅读证券公司的分析报告有几个要点。

首先，分析报告是分卖方报告还是买方报告，所谓卖方报告就是证券公司发布的研究报告，也就是普通投资者能在网上看到的那些研究报告。之所以叫卖方，是因为证券公司的收入主要是其客户交易产生的佣金，当然券商也会有很多很好的研究报告，但那个都是卖给公募、私募、游资等机构的，普通投资者是很难看得到的。买方报告，主要是公募、私募或者其他投资机构自己撰写的，由于这些研究报告主要是自用，指导公司内部做交易决策用的，数据会更加扎实，观点也会更加客观。当然，这种研究报告一般投资者是根本看不到的。

正是因为普通投资者能阅读到的研究报告价值一般，读研究报告的时候就要注意挑选。优先看行业研究报告。一方面普通投资者由于研究能力比较弱，没法实地调研，所能掌握的信息都比较少，对行业的变化很难有很好的感知，券商的研究报告则可以比较好地补充这一点。另一方面，由于行业报告一般不涉及个股的深度分析，券商会相对客观公正地进行分析。投资者则可以借此很好地了解行业的景气度变化情况，从而有助于选股。

研究报告分深度报告和简评等，一般的话，深度报告会比较完整地介绍产业的政策、发展前景、宏观经济等内容，以及一些代表个股的分析，都是个人投资者不容易收集到的，可以重点阅读，阅读后会对行业会有一个比较全面的认知。另外，券商相比普通投资者的优势是可以去实地调研，通过调研报告可以比较好地了解公司近期的发展情况，以及对市场近期关注的焦点问题的处理等。

如果是个股研究报告的话，由于券商研究报告基本只说正面内容，所以很多发展的预测、为了做估值对净利做的预测都不可靠，应该关注的是企业自身的硬数据。硬数据是指公司实实在在的数据，包括各种产品的产量和销量、客户数量、已有订单数量、财务状况等。

券商做研究报告的一个原则是垃圾公司不覆盖，能覆盖的公司它们都是说正面的，所以研究报告的结论是不值钱的，投资者不应关注结论，而应该关注推导的过程，也就是逻辑可靠不可靠。比如，研究报告看好高端白酒股，逻辑是喝白酒的人越来越多了，那肯定就是错的。因为事实上喝白酒的人是越来越少了，这个是从身边观察一下就可以得到验证的。高端白酒走得好的逻辑是消费升级和行业集中度的提升。

另外，不同券商、不同研究员的研究差距可以说是非常大的，优先重点阅读那些市场公认优秀研究员的研究报告，比如新财富得奖的研究员撰写的报告。还要持续观察，多看几家券商对同一个标的的研究观点是否相同？对它的估值平均是什么样的？综合这些信息，最终再统一思考标的是否值得介入或者持有。

十、想要做好价值投资，就要在生活中做个有心人

熟悉"价值事务所"（公号等的名称）的朋友都知道我们特别偏爱医药股和大消费板块，分析过的公司很多都属于这两个板块。一方面是团队的创始人是医学专业科班出身；另一方面，医疗、消费跟几亿人口的日常生活密切相关，市场空间实在太大了，还有一个原因是医疗和大消费，尤其是大消费是日常生活中就可以见到的，便于投资者利用生活中的细节进行潜力股的挖掘和跟踪。从生活中发现牛股是一个非常可靠的方法，几乎适用于任何投资者，所以要想做价值投资，就要学会在生活中做一个有心人。

做投资是非常难的一件事情，想要研究透彻一个公司是做什么的，一个公司究竟有没有发展前途，是极其困难的，更不要说决定股价上涨的因素有千万种。从生活中发现牛股的方法则是极大地简化了选股的条件，既然生活中可以发现一个上市公司的产品，那么说明这个公司的渠道做得还是可以的，只要产品不太差，则公司的销售情况大概不会那么差。所以养成一个职业习惯是非常重要的，假如在商场中经常看到某个品牌大卖，甚至供不应求，就可以了解一下品牌背后是不是有一家上市公司或者跟上市公司有什么关系。

比如，看到到处都是苹果手机，那么苹果的股票是不是就值得关注一下？看到超市里铺天盖地的蒙牛和伊利的广告，是不是也可以关注一下这两个公司的股票？有段时间鸡尾酒非常流行，商场里面和电视里面广告也很多，那么生产鸡尾酒的公司百润股份是不是就值得关注一下？公认茅台是好酒，多少人想买茅台却买不到，还有很多专门囤茅台酒等着升值的，此时茅台就具有了金融属性，那么是不是就可以考虑购买贵州茅台的股票？数一数小区里面空调哪个品牌最多，是不是可以考虑买对应的上市公司购股票，看看家里用的哪个公司的家电比较多，是不是也可以考虑？王者荣耀和微信各种火爆，腾讯是不是可以考虑？要去哪里吃饭就要上大众点评看看评价，这些平台后的上市公司是不是也可以关注一下呢？

一种商品（产品）既然能家喻户晓肯定说明背后的公司具有某种能力，要不就是产品质量够硬，要不就是渠道能力够强，肯定是有过人之处的，这种公司就值得研究，可能是大机会。

除了关注身边商品背后的公司，某一类社会现象的流行也值得关注，比如直播成为社会现象，那么是不是可以挖掘相关的受益股？所以我们看到星期六短期内上涨几倍。抖音火遍全球，有没有相关的受益股？省广集团也遭到爆炒。社会现象的流行背后是新需求、新产业形态的崛起，背后必然孕育非常多的机会。

当我们开始有了这种意识，学会做一个生活中的有心人后，很多投资机会、很多牛股的机会就会慢慢多起来。剩下的就是如何去查找流行产品、现象背后的上市公司，这就需要一些工具和技巧。

最直接的方法当然是查看产品包装背后的公司是不是上市公司，比如用搜索引擎，利用关键词"××+股价""××+上市公司"，一般都可以搜出来。

如果产品背后的公司不是上市公司，则可以通过天眼查、企查查之类的公司查询平台，做股权穿透查询，看看有没有上市公司直接或者间接地投资了它。

如果都没有，则搜索一下"关键词+上市"，了解一下公司的上市计划，以及行业的变动情况，在机会来的时候可以更精准地把握住。

这么一顿操作下来，基本上都能找到或者排除产品背后是否有上市公司，接下来就是做更详尽的分析，包括行业竞争情况分析、财务分析等，再确定是否可以投资。

另外，考虑到随着注册制的推行，像乐视网、瑞幸咖啡之类的财务造假公司可能会越来越多，所以除了特别关注和分析上市公司的财报之外，还要额外注重上市公司的商业模式、现金流等，对于那些没有持续稳定盈利业务，却又疯狂扩张的企业要尽可能回避。

我们知道资本市场同样喜新厌旧，尤其A股里天天各种题材满天飞，但很多就是纯粹的题材炒作，没有实实在在的业绩支撑。加上A股的波动非常大，如果投资者总是沉迷于去炒作这些题材股，最终往往亏损巨大。

而生活中能接触到的产品，其背后的公司一般都属于大消费板块，就做跟人相关的吃穿住行娱乐生意，业绩不会有太明显的周期性，即使股价因为大盘的波动而波动，也总能提前企稳并反弹，最终创出新高。

大消费板块聚焦的是兼具防御性和成长性的行业，是历史上大牛股的温床，过往涌现出了大量的10倍股、100倍股，甚至1 000倍股。而且由于人类的需求一直存在，后面的行业里，还将继续产生大量的10倍股、100倍股，等等。

基本上可以这么说：大消费板块里面出现10倍股，100倍股的概率比其他板块都要大得多。这是一个可以一直深入挖掘的行业，只要研究得足够透彻，也有可能抓住下一个10倍股、100倍股。

　　所以，从今天开始就要学做生活中的有心人，脑海中时时刻刻带着一个疑问：这个东西有没有投资机会？这样无论是你看到的商品，还是听到的关于各种社会现象的讨论，背后可能都有一些投资机会，深入挖掘下去，它们很可能就是下一个大牛股。

第四章

价值投资进阶，从读懂财报开始

财务报表就像是上市公司的细致、全方位的官方"体检报告"，从财报里可以看出上市公司的各种问题。很多人对财报分析望而却步，总认为自己不懂会计知识就掌握不了。其实，财报分析虽然要求懂一些简单的会计知识，但最重要的却不是会计知识，而是分析技巧，学会分析技巧，财报分析也可以很简单。

一、为什么做价值投资必须学会分析财报

为什么我们做投资，尤其是做价值投资的人，一定要学习财报分析呢？在回答这个问题之前，我们先列举一个生活中的例子，大家也许就明白了。

一家知名大厂要招人，大家都挤破了头争着、抢着递简历，假如你是HR，你该怎样从这成千上万的简历中用最快的速度挑选出可能与岗位相匹配的人，然后进一步邀约面试？

当然，HR是不可能把所有招聘者的简历仔细看完的，真要如此，效率就太低了。你一定是通过设置一定的条件，把不符合条件的人先剔除掉，留下来的再逐个看与岗位的匹配程度，并从中挑选一些合适的来面试，最终确定人选。求职者越多，HR设置的条件就会越多，比如要求高校毕业、年龄、工作经验等。

HR设置的条件，就相当于财报分析里的各种指标，投资者通过一定的指标筛选符合条件的个股，比如营收和净利润要达到多少、增长率如何、毛利率和净利率要达到什么样的水平、ROE又得是多少……

通过这样的一通筛选，投资者可以快速地从几千、甚至上万只股票中把符合标准的选出来，再通过更详细深入的分析，最终确定投资标的。

也就是说，财务分析可以用来帮助选择投资标的，但这不是财务分析唯一的作用，甚至不是最重要的用途。

还是上面的例子，有一个求职者向HR主动推荐自己，声称自己非常优秀，是岗位的不二人选。那么，HR该如何确认求职者真的与岗位匹配？知道他并不是在

吹牛，而是有实打实的本事？

当然是通过简历及面试，详细了解求职者的各种情况，包括年龄、学历、毕业院校、专业、工作年限、过往的成就甚至家庭、婚姻状况等，最终确定他是否真的优秀，是否真的与岗位相匹配。

投资也是如此，我们可能会看到有些股票涨得不错或者听到有人推荐一些所谓的"优质股、潜力股"，那我们该如何验证这些股票是真的不错还是假装很不错呢？

如果一个股票真的优秀，那么至少可以从它的财报中体现出来，总不能吹得天花乱坠，最终各种数据却无比糟糕吧。事实上，财报分析最大的作用就是用来"排雷"。K线可以做出来，题材也可以吹出来，财报虽然也可以作假，但由于有审计和监管，作假难度要高得多。

并且假的永远是假的，你再怎么厉害，也不可能把假的东西做得和真的一样，总会留下那么些蛛丝马迹让你发现其中"不对劲"的地方。

排雷对投资有多么重要，相信无须我们赘述，如果不幸踩中一个雷的话，很可能财富就灰飞烟灭了。最典型的例子莫过于乐视网，从最高点跌了90%多。对于在高位接盘又没舍得割肉的投资者，直接造成了毁灭性的打击。

所以，财务分析早已经成为想要在资本市场活下去的投资者的"刚需"。然而，即使是现在，财报仍然是少数"精英的游戏"。复杂的数学模型、晦涩的专业词汇……这些都在无形中竖起一道屏障，把部分散户拒之门外。

诚然，财报分析需要一定的会计知识，但也绝对没有大家想象中的那么复杂，因为在实战中，财报分析更多是排雷用的，那么大家只需要学一些比较重要的指标，通过指标，便可以综合判断出个股是否存在问题。

这也是我们写这章内容的初衷，希望通过对财务分析的讲解，帮助读者打破财务知识起跑线上的不平等局面，让你能和我们一样，做一个实战派的财务分析投资者，从而在诡谲多变的资本市场中获得掌握自己命运的能力。

二、财报分析可以非常简单

就如前一节所说，很多人都觉得财务分析很难，打开一份公司的年报，300～400页，读一份年报不亚于读一本书，而且还是一本全是数字、晦涩难懂，让你拿起立马就想放下的书。

我们当年学财报，刚开始的状态和大家完全一样，光是看到就头疼。从头拉到尾，只是拉一遍就要好几分钟。后来，财报看多了，我们发现：这么厚的财报，大多都是套话，完全可以不看的。作为一个不需要靠它吃饭的投资者，你需要看的只有很少的一部分，把你需要看的加起来，不会超过20页。

比如说，我们把格力电器2018年的年报下载下来，一看，有206页。实际上，你需要看的，只有我们圈出来的公司业务概要、经营情况讨论与分析，以及三张报表，甚至三张报表都可以不在这里看。因为各种股票软件都连续列出公司好几年的报表，有贴心的还会帮你把线性图做好，方便你观察公司的动态财务情况，见下图。

目　录

第一节 重要提示、目录和释义 ……………………………………………… 2

第二节 公司简介和主要财务指标 …………………………………………… 5

第三节 公司业务概要 ………………………………………………………… 9

第四节 经营情况讨论与分析 ………………………………………………… 14

第五节 重要事项 ……………………………………………………………… 38

第六节 股份变动及股东情况 ………………………………………………… 57

第七节 优先股相关情况 ……………………………………………………… 62

第八节 董事、监事、高级管理人员和员工情况 …………………………… 63

第九节 公司治理 ……………………………………………………………… 72

第十节 公司债券相关情况 …………………………………………………… 76

第十一节 财务报告 …………………………………………………………… 77

第十二节 备查文件目录 ……………………………………………………… 206

　　其他的只有你觉得有问题时，才在PDF右上方搜索框里输入关键字搜索（见下图），寻找答案。如此一来，是不是就简单多了?

　　即使是我们给你圈出来的那两节，也并不是让你一字不落地看，比如业务概要，你只需要大致看一眼，了解一下公司属于什么行业、主要产品是什么、目前的重点销售区域等信息即可。

　　看这一块的时候，你需要对比着看公司多年的财报。如此你就能观察到企业主营业务的变化。比如说，上海医药，最开始是靠医药物流生意起家的，后来开始布局上游制药业务，看看营业额和利润。不难发现，上海医药的医药物流生意，虽然贡献了近90%的销售额，但是毛利率只有7%左右，贡献的利润还不到公司整体的一半。

那你不用想都能知道, 医药物流是门吃力不讨好的生意。而公司的制药业务, 虽然只贡献了近10%的销售额, 却贡献了公司过半的利润。于是, 你应该可以知道了, 公司未来的成长, 还得靠制药板块的业务。

那么, 既然物流费力不讨好, 为什么公司还要做呢? 看看公司自己对业务的分析, 结合一下你的知识, 做物流, 是不是能把各个销售渠道(比如, 终端的医院、药店)的资源都掌握在自己手里? 自己就是做渠道的, 自己卖自己的药是不是更方便?

你是不是恍然大悟, 公司的物流业务, 到现在已经演变成为一个工具, 一个帮自家卖药的工具。

买股票买的是公司的未来, 上海医药的未来, 明显在制药板块, 明白了这一点, 那么, 它的物流业务就不那么重要了, 之后你主要对公司制药板块的业务进行分析, 看看这个板块的成长状况就可以了。

一家公司, 尤其是一个大集团, 业务繁多、产品多如牛毛。拿到这家公司, 分辨出公司的主营业务尤其是梳理出公司主营业务变动的脉络, 你就把握住了这家公司的关键。这时即便市场消息满天飞, 股价一天一个样, 你也可以不受干扰。

接下来, 我们需要看看财报的"经营情况分析"部分, 这一块体现了公司管理层对企业发展战略和对未来的看法。

我们依然以格力电器2018年年报为例, 公司列举了九大条未来战略, 合并一下其实就是产品多元化、重视研发、优化渠道、出口国外、实现智能制造、布局智能家居、加大投入新能源、完善人才考核激励机制。

产品要做好，研发要重视没什么好说的，这么多年来格力一直都是这么做的，"好空调格力造"已经成了大家的共识；出口国外也很好理解，国内的市场接近饱和，格力要想实现进一步的增长，自然要谋求全球化发展，做全世界的生意当然比只做国内的生意要赚钱得多，至2018年，公司已经有大约13%的销售额来自海外。

优化渠道，也就是尽量使公司产品尽可能多地触达到终端用户，2018年，公司的渠道点比2017年增长了12.5%，而且更加注重线上。确实也该如此，即便格力的品牌已经如此之大了，也还是有很多人买的是小品牌空调，五六七八线小城市也还是很多人不知道格力，如果不这样，你如何解释电商一兴起，奥克斯就迅速崛起了？奥克斯吃掉了格力不少市场份额。

再看智能制造，也就是以机器代替人力，这当然好了，机器不知道累，更适合做流水线工作，产品的质量也能更稳定。再说了，现在人力成本越来越高，机器替代人效率更高，综合下来成本也会更低。看看海天味业，就算卖酱油，也能卖得智能，一条生产线上看不到几个工人，全是机器。因此，海天酱油的成本要比同行业的厨邦酱油、千禾酱油等低不少。

好了，知道了公司的战略规划，你还要看公司接下来是不是真的如此去做了。这一块十分能体现出管理层是否诚实、是否身体力行是否实际去做了。

比如，格力的多元化布局，说了很多年了，格力手机、格力小家电、格力新能源汽车、格力芯片都是往这个方向尝试；奥克斯崛起之后，格力快速反应，弥补了线上的不足，天天在线上打价格战，同时发力线下；至于格力的智能制造，和美的收购库卡机器人不同，格力想的是我要自己造。

你会发现，董明珠确实是个实在人，说到做到，说买银隆新能源汽车，那就必须得买。虽然它的多元化、新能源布局目前来看效果不怎么样，但至少人家知道往什么方向努力，也这样去做了，只要坚持不放弃，未来谁又说得准呢？

好了，看完主营业务和经营分析，想必你已经对这家企业有了一定的理解了，你知道它家的业务是否有前景，是否值得你投资，它的管理层是否诚实，战略执行力如何，效果怎样，接下来你就需要翻出公司的财务报表了，也就是资产负债表、现金流量表、利润表，来看看公司的防守能力、利润含金量、利润真实性及盈利能力如何。

划重点、敲黑板，财务报表并不需要逐个仔细看，你只需要抓住上述三个点，也就是财务的真实性、公司的防守能力及盈利能力，这就足够了。

看看，经过这样一番梳理，财务分析是不是很简单，并没有你想象中的那么难吧？那么接下来我们会教你，如何抓住公司财务报表中的这三个点。

三、从分红融资比，看一家公司的良心程度

如果你是"价值事务所"的老读者，你就应该知道，我们十分看重分红融资比这个指标，基本上每分析一家上市公司，第一步就是看这个指标，如果是借壳上市的公司，股票软件上的数据不准，那也不妨碍我们自己动手算。

其实在最开始投资股票的时候，天真的我们都不知道看这个指标，当时大家注重的是股息率。打个比方，一家公司目前的股价是15元，他在2018年每10股分6元，那么对应的股息率就是4%。对于这样的公司，我们自然会青眼有加，道理很简单，光拿股息，就能跑赢绝大多数理财产品了。

那么，为什么我们会这样注重分红呢？

我们要知道，股票的背后对应的是一家公司，你拥有多少股票，就拥有相应比例的"分蛋糕的权利"。

假设上市公司不对股东进行分红，也不在股票市场进行增发和回购。是不是可以理解为股票市场和上市公司完全剥离开了？甚至你完全可以将其看作是两个独立的空间，股票市场随心所欲的炒作，和上市公司没有任何瓜葛。

正是有了这一年一次甚至两次的分红及上市公司在股市进行增发/回购，才将股票市场中的股票和一家家实体公司联系起来，才能让价值投资者，有价值可挖。

如果一家上市公司每年都赚很多钱，公司账上也"趴着"大笔的钱，却从来不分红，一遇到公司扩张就选择增发股票去二级市场募资，那么作为他的股东，其实是半点好处也没有的。一家企业如此铁公鸡，对自己的中小股东都无比苛刻，想来其他方面也不会好到哪里去。

要是这样的管理层做出把上市公司掏空、卷款跑路或者财务作假的事来，我们也是半点儿都不会觉得奇怪。这也是巴菲特向来不买"铁公鸡"公司股票的原因。

一家好公司，必定是一家分红稳定的公司，做好公司的股东，常年下来，一定是回报大于付出的。

我们在此再举个巴菲特的例子，大家都知道，他向来很讨厌航空股，在20世纪80年代的时候，航空公司确实一直很难赚到钱，当时的航空业处于"大混战"时期。

但当时的美国航空面临恶意收购，高管向巴菲特求救，经过协商，巴菲特买

了3.58亿美元的优先股,之所以答应买这个优先股,是因为巴菲特给自己上了重保险:

(1)每年有9.25%的股息,就好像买的不是股票而是债券。

(2)保证巴菲特可以在十年后把这些股票卖回给公司(算一算其实十年光股息就回本了)。

(3)可以以60美元的价格转换成普通股,当时的美国航空股价约50美元(这么看,又很像可转债了)。

虽然在此之后,美航出现好几次重大事故,巨亏好多年,不要说股价表现了,连给巴菲特的股息都付不出来(拖欠了两年)。1995年,巴菲特想以买入价格的五折转让这笔股票,割肉出局,但都没人想要。还好没人愿意买,1996年,美国航空扭亏为盈且越来越好,加上后来补发的股息(当初的合同有惩罚条款,延迟支付股息除原有欠款外,需额外加付利息),巴菲特最终在美国航空赚了非常多的钱。

在此,相信你已经体会到了股息的重要性,要不是这么多年的高额股息,巴菲特是不会同意买入美国航空的优先股的,同样要不是这么高的股息,巴菲特后面是不会赚这么多钱的(在卖出公司时,光股息就收了2.4亿美金)。

那为什么我们会说,以前天真的时候看分红率,现在成熟了就看分红融资比呢?因为分红率仅能代表公司这一年的分红,有些公司常年不分红,突然有一年分红很高,你要是因为这个被吸引进去了,等待你的就是"镰刀",给大家举个例子感受一下。

方大炭素(SH600516)　　　　　　　　　　　　　　　　　　　上一页　下一页

报告期	方案	股权登记日	除权除息日	派息日
2019中报	不分配不转增	--	--	--
2018年报	10转4.9股	2019-06-27	2019-06-28	2019-06-28
2018中报	不分配不转增	--	--	--
2017年报	10派19元(含税)	2018-05-24	2018-05-25	2018-05-25
2017中报	不分配不转增	--	--	--
2016年报	10派0.22元(含税)	2017-06-01	2017-06-02	2017-06-02
2016中报	不分配不转增	--	--	--
2015年报	不分配不转增	--	--	--
2015中报	不分配不转增	--	--	--
2014年报	不分配不转增	--	--	--

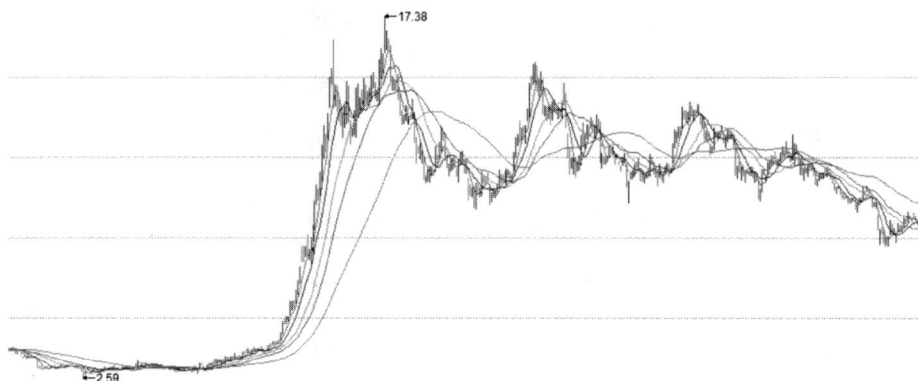

　　图中这家公司叫作方大炭素，之所以2017年分红很高，涨得也很猛，全是那年运气好，公司产品因一系列原因大幅涨价。连公司自己都知道，这样的情况不可持续，所以当年赚的钱除了分红分出去，就是买了理财产品，根本没想过扩张产品线。

　　所以，公司某一年分红很高，很可能是因为该公司是个周期股，正好处在周期的巅峰，或者运气好，那段时间正好天上掉馅饼，挣了平时挣不到的钱。

　　因此，持续、稳定的分红才会显得越发重要，分红融资比，就是一家公司历年来所有的分红和上市以来所有融资的比值，比如格力电器，上市23年，分红融资比1 053%，也就是说，这样的公司，假设你拿个十年、二十年，即便股价不涨，光是分红大概率都能让你回本。这也是为什么，你会发现，很多长线投资者，他持股的成本居然是负的原因所在。

这个指标该如何看呢？

一个快捷方法：很多股票软件里都自带，大家可以直接看到，比如同花顺（手机App），在简况那一栏的，分红融资里，就可以直观看到；把公司自上市以来的财务报表都下载下来，将公司每年的分红金额相加，历年的融资金融相加，两个相除就可以，下面我们举一个例子。

分众传媒是2015年借壳七喜控股上市的，股票软件的分红融资比就不准了，只能手算。分众上市四年来，总计分红四次共73.23亿元，增发两次，共募资447.51亿元，因此，分红融资比为16.36%。

大家看，分众其实就很"抠门"，上市四年分红融资比才16.36%；一家公司十年分红融资比50%是及格，假设把分众传媒分红融资比的计算周期等比例放大到十年，最终算出的分红融资比为40.9%，就是不及格，股东回报较低。

当然也有朋友会说，腾讯就不分红，巴菲特的伯克希尔–哈撒韦也不分红。如果一家上市公司处于扩张期，钱在它手上回报率惊人，它当然没必要分给你了，作为腾讯、伯克希尔–哈撒韦的股东，吃股价的成长红利就可以了，完全不需要分红。

那么，如何判断一家不分红的公司是不是好公司呢？这就要进一步深挖财务报表了，也就是我们后面陆续要给大家讲的。

四、一家公司行不行，关键是在大环境不好时能不能"活"下去

一家公司行不行，关键是看在大环境不好时它能不能"活"下去。

好了，现在我们开始正式看财务报表了。一般来说，新手会着急拿出利润表看利润。公司一旦出了年报，投资者们最关心的也是营收和利润。但是笔者会告诉你，一上来就看利润，是"韭菜"的行为。

要想利润好看，实在太容易，也许一家企业利润好看得无以复加，背后的财务报表却不一样。因此，老手一般会气定神闲地拿出公司的资产负债表，看看公司的负债情况是否健康，毕竟负债健康的企业才能活下去，"活"下去才有资格谈发展和利润。

1.打败一众对手的美团

举个例子，美团一开始在一众平台中并不出色，它不是融资最多的，也不是名声最响的。2010年底，美团才完成了它的A轮融资1 200万美元；而当时的拉手已经融了三轮，总计1.6亿美元；大众点评也在次年的4月完成C轮1亿美元的融资。

当时铺天盖地都是拉手的广告，美团的各个竞争对手，全年广告预算都是以亿元级别计，可以说，美团和它们根本不在一个数量级上。

那当时的王兴是怎么在并不占优势的情况下胜出的呢？答案就在于他的战略眼光和大局观，正是因为对团购业务思考得足够深，才使他和他的美团坚持到了最后，最终脱颖而出。

王兴很早就知道，面对B端商家，广告是没有用的，广告投放再多，也不如线下队伍拜访来得好用；而对C端用户，也就是消费者，线上广告性价比比线下要大太多了。正是由于清楚这一点，美团在整个广告上的花钱都非常谨慎，各个渠道性价比算得清清楚楚，整个团队从一开始就很节俭，把每一分钱都花在了刀刃上。

其次，当时的团购网站，无论是资金最多的拉手，还是势头最猛的大众点评，以及糯米、窝窝团等，都会面临一个问题：在哪座城市扩张业务，扩张多少城市比较合适？

2011年底，你会发现，有的公司扩张了300多个城市，有的如大众点评、糯米，只在一二线城市发力，扩张了20~30个。而美团呢？不多不少，94座城市。

当时美团的逻辑是这样的，假设"冬天"来了（事实上，一定会有"冬天"），有公司要垮掉，它们会怎么办？肯定是裁员和退出某些城市、缩紧业务线。那它们会退出哪些城市呢？必定是最靠后的，那些三四线城市，赚不了几个钱，对市占率的贡献也不高。

但是小城市对比大城市有一个很大的优势，像北上广深这种一线城市，大家都在，没有谁能一统天下，用户的迁移成本就会特别低。而小城市是很容易做到垄断的，因为商家数量少，把它们都聚集起来的难度就小。

也就是说，假设"冬天"来了，竞争对手会优先关停小城市的业务，如果美团做到了小城市垄断，就可以让小城市给自己提供现金流，再慢慢吃别人吐出来的。

因此，从一开始，美团的侧重点就是排名30名之后，100名之前的城市。那你可能要问了，排名100名开外的五六七八线城市，他怎么不考虑呢？

原因就在于太分散了，管理成本会偏高，对市占率的贡献太小了，不利于后面的融资，所以美团就没去。

最后，果然"冬天"来了，一开始就精打细算，采用精耕细作的美团笑到了最后。甚至可以说，正是美团的开源节流、精打细算，把那些乱花钱的竞争对手都打败了。

2.割肉认赔的巴菲特

同样的逻辑，由于疫情，美股大幅下跌，道琼斯指数从最高近30 000点，最低跌到了18 000点，跌幅最高近40%，见下图。

可是在指数大跌40%的情况下，你会发现，有的行业，如航空、邮轮等重资产行业，负债率高的，跌幅极大的超过指数，跌了70%～80%的比比皆是；而有些行业，如刚需的消费、医药，负债没那么高，账上还有钱的，跌幅就会小得多，稳得住的。

反过来看A股，情况大体相似，像海天味业这样的刚需调味品，居然还创下了新高。你要看这些票，就好像，周边不是熊市一样。

为什么会这样呢? 比如巴菲特就割肉了自己持有的航空股, 基本腰斩出局。原因就在于在这样的大环境下, 市场到处都差钱, 这个负债率高的企业, 手里没什么现钱, 业务开不了张, 高额利息还要照付, 根本不是业绩大幅下滑的问题, 是很有可能会"凉的"。

所以, 在这样的情况下, 你看到的是巴菲特亏损近一半出局, 你没看到的是, 他还保住了自己近一半的本金。

3.是时候介绍资产负债率了

看了前一节的读者, 应该知道, 我们在分析公司时, 看的第一个指标是分红融资比, 第二个要看的指标就是资产负债率了。仔细剖析一家公司的负债结构, 看看这一家公司负债包袱重不重, 借的钱是否能还得上, 有没有债务爆雷的风险, 利息支出比例有多高, 是否完全在为银行打工。

总之, 看到负债结构不良的公司, 基本上就可以直接排除了, 因为那大概率会成为一家爆雷企业。

笔者一直认为, 一家公司的最佳资产负债比在30%左右, 属于进可攻、退可守的一个比率, 要是这个指标过低, 公司账上有大量现金和理财产品, 我们会觉得, 你不太会使用资金。

毕竟我们投资一家上市公司, 就是觉得把钱投给它会比我们自己拿去存银行和买理财产品收益更高、更划算, 要是你也拿去买理财产品存银行, 我干吗还买你的股票呢, 我为什么不自己存呢。

打个比方, 有一家上市公司叫养元饮品, 该公司就是卖大名鼎鼎的六个核桃的公司。以其2018年年报举例, 该公司的资产负债率为21%, 没有任何短期借款、长期借款。在总资产152.9亿元的情况下, 账上现金就有38.8亿元, 其他流动资产

83.5亿元，长期股权10.9亿元。

这些数字背后的声音就是：我钱好多，就不借钱了，这么多钱也不知道怎么办，拿去买股票和理财产品吧。于是，市场上一直有声音怀疑养元饮品上市（养元是2016年上市的次新股）的目的。

而养元饮品的大单品六个核桃确实遇到了增长瓶颈，也不知道怎么创新，对于这样安心养老的公司，市场用脚投票，给其10倍左右的市盈率，股价目前早已破发，一样养老的承德露露可能就是它的未来了，下图为养元饮品公司自上市以来的股价走势。

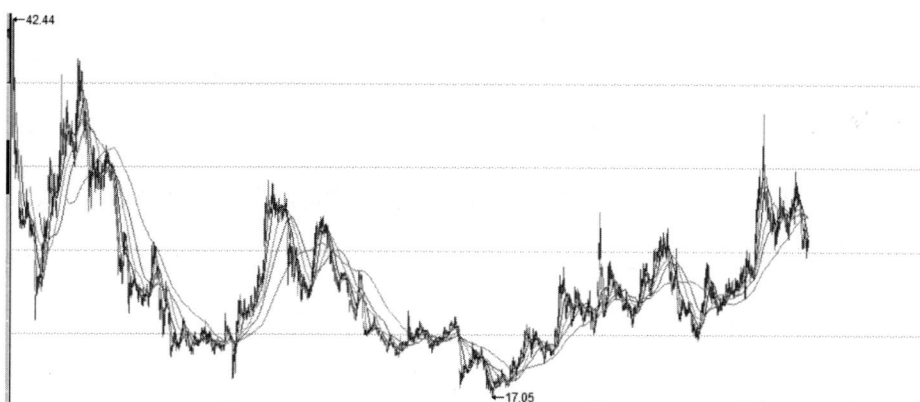

当然，这个例子是我们讲的是市场的逻辑，后续公司是否会困境逆转，就不在本章节探讨范围之类了。

要是资产负债率过高的公司呢？那它就会存在是否能还上所借的钱的风险，一旦公司资金链断裂，可能大家要面临的就是股票亏损了，下面我们举个例子。

有一家上市公司叫迪安诊断（看2018年年报），是近年来很火的第三方医学检验的行业老二，该公司不停地跑马圈地，因此杠杆加得较高：短期借款12.42亿元，一年内到期的非流动负债11.86亿元，长期借款7.83亿元，应付债券3.98亿元。

公司货币资金仅有17.13亿元，利息支出1.7亿元，而同期净利润只有3.89亿元，利息占据了净利的43.7%。公司的负债结构存在严重问题，利息包袱过重，杠杆过高，短期借款较多，而公司的现金储备还款都很是问题。

而且短期借款、长期借款、一年内到期的非流动负债、债券，公司几乎把能借钱的渠道都用上了，就差股权质押了，仔细一看，这家公司也确实存在股权质押，见下图。

重要股东累计质押

股东名称	质押总数	占直接持股比
陈海斌	1.33亿元	65.37%

从这家公司的负债结构来看，属于十分容易爆雷型，我们看到这样的公司就应该敬而远之。

其中的几个指标，我们和大家仔细讲解一下，比如利息支出和利息收入，大家下载公司的年报后，可以直接在PDF里面搜索"利息"字样，一般我认为，利息支出占比公司一年的净利润在10%以内是可以接受的，超过30%我们认为你完全是在给银行打工，更别说迪安诊断这种43.7%的了。

股权质押，是股东别的渠道借不到钱了，只能把自己的股权抵押出去借钱的一种融资方式，如果质押股价下跌过多，大股东很有可能会爆仓。一般来说，由于民营企业缺少融资渠道，有时候大股东质押一些股权为公司输血无可厚非。

但要是质押比例超过60%，我们会觉得太高了，股价但凡有异动，大股东就容易爆仓；还有一个就是大股东如果知道上市公司要爆雷了，很可能把能拿的钱都拿走。

如果大家碰上哪家上市公司大股东是清仓式质押，不用看了，这家公司可以立马拉入黑名单。

五、上市公司常用的造假手段

在看完公司的负债结构后，笔者最喜欢通过考察上市公司的几个指标来查看公司的业务是否健康，我们要知道，财报是用来排除公司的，是用来防雷的。以下几个指标，可以帮助大家快速排雷，下面让我们一起来看看。

1.存货与应收账款

一家公司最容易造假的就是存货，可以说，存货是最容易用来修饰利润的，但也绝对是投资者最容易忽视的项目。具体的操作步骤如下图所示

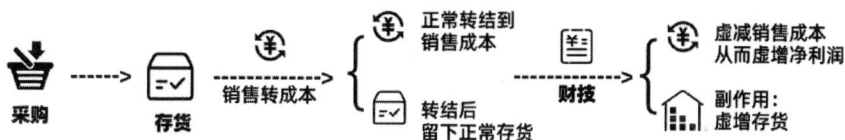

也许看了这个图大家还是很懵，再给大家解释一下：利润=收入-成本-费用-其他收支。

比如，我买一件商品，花了100元，相应的存货就增加了100元，假设卖掉它，卖了150元。那么这时就收了150元的进账（忽略税金），这150元，其中会有100元记作成本，也就转到成本里面去了，利润就是150-100=50元，同时减掉100元的存货。

看到这里，聪明的你应该想到了，如果转成本的时候，只转80元，利润是不是

就变成了150-80=70元，那只减掉80元的存货，存货就会比正常多20元（而真实的存货里面并没有这20元钱的东西）。所以，存货高的企业，一定要注意存货是不是有问题，公司的利润是不是真的。

那我怎么知道存货是不是真的呢？一般来说，企业存货增高，对应着的营收、净利、应收账款都要增加，道理很简单，一般这几个数据同步增加的公司，就是经营业绩好，需要扩张产能的公司。那这些数据没有跟着涨，基本就是公司的产品出了问题，卖不出去。

这个时候，通常做法是找出公司五年的存货、应收账款看其走势，再算出公司五年的存货周转天数、应收账款周转天数（这两个指标各大股票软件一般都有）看走势。

举个例子，下面两张图展示了一家叫作玲珑轮胎公司的存货与应收账款的相关情况，可以看出它的存货、应收账款是在逐年走高的，而它的存货周转天数却在下降，应收账款周转天数几乎没变化。

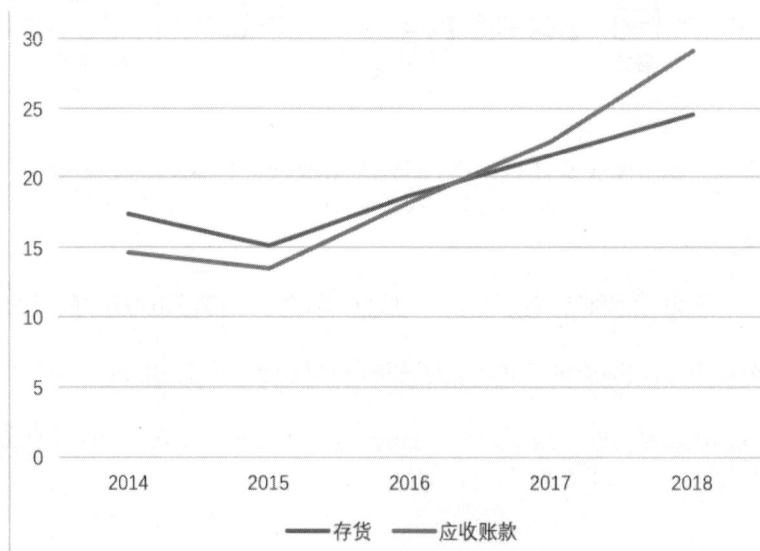

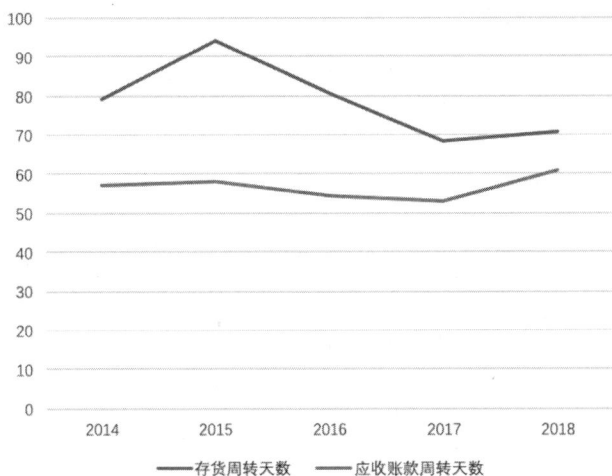

存货周转天数 应收账款周转天数

说明这家公司的货卖得很好，存货走高是公司在扩张产能，而即使是扩了产能都供不应求，所以存货周转天数还在下降（这个指标意味着同样数量的货，多少天可以周转一次）。那么公司现在需要的是加快产能扩张速度，仔细翻看玲珑轮胎的年报能够发现，公司确实在修新的工厂以扩产。

举了一个正面例子，对应我们当然要举一个反面例子，这就是前段时间爆雷的东阿阿胶（见下图），其实如果按笔者的方法去分析，你是可以提前避开爆雷风险的。

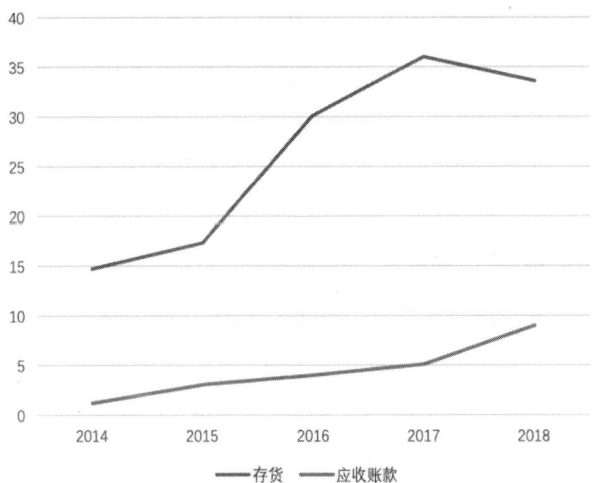

存货 应收账款

看看东阿阿胶的存货、应收账款的增长,只能用夸张来形容,再看看公司的存货周转天数、应收账款周转天数,更是不健康。这些数据反映出了东阿阿胶的货卖不出去的现实情况(见下图)。

	2014	2015	2016	2017	2018
存货周转天数	262.6	297.69	408.67	462.49	503
应收账款周转天数	13.31	14.01	19.77	21.75	34.51

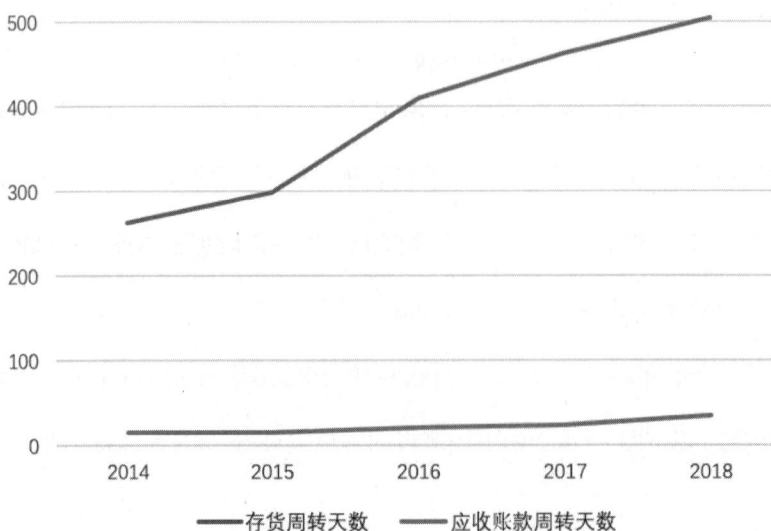

结合东阿阿胶近年来一直在提价的策略,可以发现,东阿阿胶一直在提价,产生了大量的副作用,存货高企、应收账款高企,两者周转情况变差,这样下去迟早爆雷,因此东阿阿胶疯狂的提价策略可能是错的。

2.货币资金、存贷双高

我们在上一小节里面讲了,好的公司的资产负债率要在一个合适的位置,不然步子迈得太大,杠杆加得太多很容易出问题。

正常来讲,缺钱的公司才会借钱,可有些公司你会发现它一边账上有大笔现金、大笔存款，一边又借着很大数量的钱。这种情况我们叫存贷双高。一般来说，这样的公司财务造假的嫌疑非常高，需要远离。

道理很简单，借钱是要付利息的，我自己有钱，为什么要付这么多的利息大笔大笔地借？除非账上的钱是假的。

如果你学习了这一小节，你是完全可以避开康美药业、乐视网这类股票的，下面我们以康美药业为例，给大家讲讲存贷双高。

由于2018年年报康美已经进行了更正，我们在此举例就用康美2018年半年报的数据。在2018年上半年，康美就借了高达124.52亿元的短期借款，拥有90亿元其他流动负债，还有132.73亿元的应付债券。

如果先不看公司账上记的现金，只看公司的负债结构，你会得出公司非常缺钱的结论，基本上能借款的渠道都用上了，就差质押股权了，再一看，其实股权也质押了，还是清仓式质押，见下图。

▍重要股东累计质押

股东名称	质押总数	占直接持股比
康美实业投资控股有限公司	16.29亿元	99.53%

在净利润只有4.76亿元的情况下，利息支出高达7.98亿元。利息费用比利润还高，这完全就是在为银行打工。

看到这里，你应该会得出一个结论：公司非常差钱，财务状况十分糟糕。然后，你会很惊奇地发现，公司账上居然有398.85亿元的现金，公司应该不差钱。

你自己本来就有这么多钱，为什么还以偿还高额利息为代价借这么多钱，其至把股权都质押完了? 除了这笔钱是假的, 实在给不出任何合理的解释。

像康美药业这种一边账上有巨额现金, 一边不断地借钱、发债的公司, 我们见过的还有: 乐视网、保千里。

因此, 大家以后看到账上有一堆钱还去借钱的公司就要心生警惕, 90%的概率都是财务造假, 那还有10%是什么情况呢? 我们刚刚举了康美药业这个负面的例子, 现在来举一个正面的例子。

格力电器本身就是一家很有钱的公司, 按照其2018年年报的记载, 公司账上有1130.8亿元的货币资金、10.1亿元可交易金融资产、22.2亿元的可供出售金融资产、171.1亿元的其他流动资产, 可是公司的账上还有200亿元左右的短期借款。

按照我们前文所说的, 这是存贷双高吗?

当然不是, 因为格力是个在海外业务很多的公司, 由于跨境的原因, 海外分公司资金不好周转时就会选择在当地借款, 这比起从总公司拿钱, 效率更高。而且比起账上所拥有的现金, 这个贷款金额挺小, 证据是在2018年的利润表中, 财务费用是−9.48亿元, 证明利息收入远大于利息支出, 所以不属于大存大贷。

看一家公司是否属于大存大贷, 一定要从公司的利润表的利息费用中去找证据。

3.研发与折旧

上市公司中, 恒瑞医药的财务报表让我们觉得特别好看, 可以说是一见倾心, 我们在这一小节中从两个角度来给大家进行讲解。

在医药行业和高科技行业的上市公司中, 研发支出相当常见, 有券商做过统计, 每一元钱的研发投入, 将来会带来两元钱的回报。因此, 这些公司都争先恐后地投入研发。

但是，按我们国家之前的会计规定，研发的投入是要记到费用里面，算作成本，为什么呢？因为研发的失败率太高了，比如新药的研究，很有可能几十亿美元投入进去就全打了水漂。

那这样，一家公司研发投入越多，利润就会越难看，因为都算作费用，成本就高了，从而反映在财务报表上就会很难看。因此，这些年，我国的会计准则进行了一些让步，也就是研发的早期费用投入，你还看不到任何成品的希望，这笔钱就只能记成费用；一旦这个研发有望出成果，就可以把投进去的钱记成资产了。

于是你会发现，不同的研报和股票软件对一家公司的研发费用给出数据是不同的，原因就在于研发有资本化和费用化的区别。

其中，研发到了后期，根据成果转化成无形资产，这就是研发支出资本化了，不影响利润，还会使总资产增加；研发支出费用化，便是直接计入管理费用下面，这会在很大程度上影响利润，好处是少交税。

一般的上市公司都会想方设法地将研发支出资本化以多多美化利润，但是恒瑞医药显然不把这点儿利润放在心上，这么多年下来，恒瑞所有的研发费用全部费用化处理了。

作为对比，我们拿上市公司信立泰举例，信立泰在2017年及以前，研发支出资本化的比例一直是25%左右，但是2018年这个比例提升到了49.32%，总计投入研发资金8.04亿元。而信立泰在2018年全年利润为14.58亿元，比2017年同期增长0.44%。

聪明的读者会发现，如果信立泰像往年一样，把研发支出资本化率记为25%的话，其利润还要减少2亿元，变成12.58亿元，那么，2018年的利润相比于2017年实际上是下滑的……

恒瑞医药另一个让笔者很欣赏的点在于固定资产折旧方面，我们分析了这么多上市公司, 只有恒瑞是采用加速折旧法来计提折旧的。

打个比方, 我家买一辆车, 10万元, 笃定可以用10年, 一般的上市公司都用直线法摊销, 也就是每年计提折旧1万元, 每年影响1万元的利润。而恒瑞采用加速折旧法, 这样会使得前几年的利润降低, 但也有好处, 就是少交税。

在此, 我们以近期很火的一家公司——科大讯飞为例, 给大家演示一下, 它是如何通过研发和折旧来调节利润的。

科大讯飞在大家心中是一家怎样的公司呢? 人工智能、语音识别, 还是高科技? 是的, 它也无愧于高科技公司的称号, 2018年公司研发投入17.7亿元, 具体情况见下表。

公司研发投入情况

	2018 年	2017 年	变动比例
研发人员数量（人）	6,902	5,739	21.33%
研发人员数量占比	62.92%	66.28%	-3.33%
研发投入金额（元）	1,772,739,448.27	1,145,328,994.08	54.78%
研发投入占营业收入比例	22.39%	21.04%	1.35%
研发投入资本化的金额（元）	833,515,226.98	549,300,540.48	51.74%
资本化研发投入占研发投入的比例	47.02%	47.96%	-0.94%

但是, 公司的研发投入资本化了47.02%。

一般来说, 科技公司的研发投入资本化率都在30%以内, 聪明的读者都想到了, 假设科大讯飞像上文恒瑞医药一样将研发投入百分之百费用化, 利润就要扣掉8.3亿元, 2018年直接就亏损了（公司2018年利润为5亿元）, 即使用行业平均的30%, 那也要扣掉3亿元。

如果说, 公司一年、两年这么做, 可能由于当年一些原因影响了利润, 需要调节一下, 稳定股民情绪, 无可厚非, 但是公司年年资本化率都在50%左右, 这就有点说不过去了。

再看一下科大讯飞的固定资产折旧方面，一般来说，上市公司的房屋和建筑物的折旧年限在会计准则中5～40年不等。如下表所示。

折旧方法

√适用　□不适用

类　别	折旧方法	折旧年限（年）	残 值 率	年折旧率
房屋及建筑物	年限平均法	5～40	5.00%	2.38%～19.00%
电子设备	年限平均法	3～5	5.00%	19.00%～31.67%
运输工具	年限平均法	5	5.00%	19.00%
其他设备	年限平均法	3～12	5.00%	7.92%～31.67%

而科大讯飞就直接采用了最多的折旧年限——40年，如下表所示：

折旧方法

类　别	折旧方法	折旧年限	残 值 率	年折旧率
房屋及建筑物	年限平均法	40.00	4.00%	2.40%
构筑物及附属设施	年限平均法	10.00	4.00%	9.60%
计算机设备	年限平均法	3.00	4.00%	32.00%
办公设备	年限平均法	5.00	4.00%	19.20%
运输设备	年限平均法	6.00	4.00%	16.00%
专用设备	年限平均法	3.00	4.00%	32.00%
图书	年限平均法	5.00	4.00%	19.20%
其他设备	年限平均法	3-10	4.00%	32.00%-9.60%

聪明的大家反应过来了吗？假设科大取个上市公司的平均折旧年限，如20年，利润会要少不少的。

那从这里怎么检验不好的公司呢？如果某一家公司突然变更会计政策或估计，如将固定资产折旧时间变长，或者比同行的其他公司长，那这家公司利润的水分自然就大。

4.商誉与坏账准备

经历了2018年的股民，一定对一个词深恶痛绝，那就是商誉。2018年年报季，上市公司纷纷交出"最差"成绩单，真的是一个比一个差。

交出亏损成绩单的公司，背后的原因往往和经营无关，而是因为计提了各种减值准备，尤其是商誉减值准备。

在此，我们先简单介绍一下，什么是商誉。

比如，很多上市公司在进行企业收购时，付出的价格往往都会高于合并中取得的对方可辨认净资产公允价值的份额，这中间的差额就是商誉。假设我们花30亿元收购了一家可辨认净资产公允价值份额为10亿元的公司，那多出来的20亿元就会作为商誉记在资产负债表上。

可能有人会问了，为什么公司愿意多付这20亿元呢？

因为一家公司，拥有的资源并不是财务报表能完全反映出来的。打个比方，一家医院之所以能赚钱，之所以能有病人过来，可不是冲着资产负债表上最值钱的那栋楼，而是医院里的医生、护士、药师等工作人员。

但这些工作人员，在会计里面是算作费用的，因为要给他们发工资。

再打个比方，可口可乐最值钱的就是公司的牌子了，因为市面上可乐多种多样，不差味道一模一样的，但大家就是要选择喝可口可乐家的可乐。

他的创始人自己都说，假如有一天公司所有厂房设备突然化为灰烬，只要他还有"可口可乐"这个品牌，半年后就能复制一个一模一样的出来。

因此，大多数企业账面价值是完全不能反映出它的实际价值的。

可进行收购之后，绝大部分收购整合后的效果往往事与愿违，一旦被收购的企业未来业绩不达预期，就必须对这些商誉进行减值。

A股的上市公司，有很多都喜欢"买买买"，所以过去几年商誉增长得特别快。尤其是2015年大牛市的时候，股价涨得飞快的上市公司更热衷于花大价钱进行并购，一并购，公司规模更大，再来个概念炒作，股价就能涨得更快，然后在高位质押股权换一大笔钱，再接着"买买买"，如此循环往复。

那么为什么各个上市公司都集中在2018年爆雷呢？

因为，它们都是集中在2015年进行并购，而"买买买"的同时，一般会先签一个3～4年的业绩对赌协议，也就是要求被收购企业每年达到一定的业绩标准。如果达不到，被收购方就需要进行股份或者现金的赔偿。

其实，一般这样的企业不会顾及将来。因此，如果一家上市公司的商誉极高，一定要警惕。有研究指出，相对于没有商誉的公司而言，有商誉的崩盘风险更高，且商誉占资产的比例越高，崩盘的风险越大。

而像商誉减值这样的做法还比较好认，且严格来说，也不能算作造假。那么接下来我们要说的坏账准备，就比商誉减值高级多了，也是一些上市公司造假时喜欢用的把戏。

比如，很多公司自己的货卖不出去或者不好卖，就会对销售放宽，允许赊销。也就是下游采购企业，先拿货、后给钱。这样，公司的账上就会有大量应收账款。

假如，公司乙赊了500万元拿走公司甲的货物，如果三年了这笔钱都没有还，在公司甲的财务报表中应该对这500万元计提坏账。可是，公司乙在三年快要到期的时候，还了甲100万元。

那甲是不是应该只计提400万元的坏账呢？公司甲也许会这样记：乙还了500万元，又借了400万元。如此一来，本来该计提的坏账，就全没了。

有一家上市公司，叫作华信国际，看看它2016年年报及之前的数据，你会发现，它几乎所有的应收账款的账龄都在6个月以内，还全不用计提坏账准备，见下图。

按欠款方归集的期末余额前五名的应收账款情况

公司名称	与本公司关系	账面余额	坏账准备	年限	占总金额比例
第一名	非关联方	1,439,990,183.63	—	6个月内	20.53%
第二名	非关联方	1,007,918,072.98	—	6个月内	14.37%
第三名	非关联方	804,172,989.58	—	6个月内	11.47%
第四名	非关联方	731,984,964.86	—	6个月内	10.44%
第五名	非关联方	474,760,000.00	—	6个月内	6.77%
合计		4,458,826,211.05	—		63.58%

为什么要看2016年及之前的数据呢? 因为在2017年的年报中, 会计师事务所就出具了无法表示意见的审计报告, 揭露公司存在大量逾期的应收款项, 2019年公司就退市了。

六、这几个指标, 透视公司的业绩及竞争力

1.营收和利润

关注"价值事务所"公众号的朋友们都知道, 我们最喜欢拿公司五年的营收、净利润作图对比分析着看, 因为单看一两年十分容易踩坑。

如果是一家好公司, 把它五年的营收和净利润数据拿出来作图, 就该是两条近似平行的线。这代表着公司的营收、净利同步增长。如果营收一直涨, 净利却在那儿不怎么动, 大家就要留心, 要么营收有可能是假的, 要么就有别的东西"吃"掉了利润, 无论怎么看都不太好。

如果净利润上涨得比营收快很多, 那就更可疑了。仔细想想, 公司的收入都没怎么增长, 利润是怎么做到增长的呢? 靠缩减公司日常的开销? 还是说有主营

业务之外的收入来源，让公司突然利润大涨？

比如，我们看上海莱士，2014、2015年的利润增速明显快过营收，曲线特别抖，后面下跌跌幅也大幅高于营收，这一看就是很奇怪的表现，见下图。

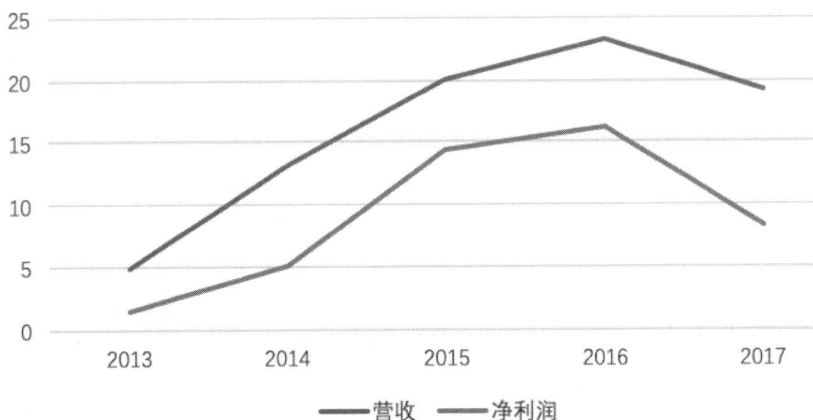

营收 净利润

原因就在于，从2014年到2015年上半年，是A股难得一见的大牛市，上证指数由2014年最低点不到2 000点一直上涨到2015年5 178点，让无数股票的价格实现翻倍再翻倍。这样的赚钱效应让无数股民坐不住了，非股民也坐不住了，自然，上市公司也坐不住了。2015年，从未有过炒股经验的上海莱士，决定拨出不超过10亿元人民币的资金用于炒股。

首战即告捷，公司第一笔投资动用近5亿元，短短半年赚了14.63亿元，收益率高达295%，秒杀一众基金经理。和一众"韭菜"一样，这时候的公司，自然认为自己英明神武，实乃百年难得一遇的炒股天才，根本不会想到能取得这样的成绩是运气所致。

于是，公司加大了投资，虽然没多久就碰上股灾，但由于公司前期赚得足够多，即使遭遇回撤，全部卖出后还是挣了不少钱。初生牛犊不怕虎的"韭菜"，当第一笔投资赚了大钱，碰上股灾回撤后还是保留了不少收益，接下来它会干吗？

当然是在股市大幅下跌了一段时间后, 动用杠杆去捡便宜。公司确实是如此做的, 幸运的是, 公司2016年还真赚了一些钱, 那么接下来公司会怎么办? 2017年, 继续加大杠杆。

和所有悲伤的故事一样, 2017年公司小亏, 随后的2018年巨亏。

上海莱士因为自己炒股, 造成公司的净利润上涨幅度和下跌幅度与营收极不匹配。接下来我们再看一个公司, 这家公司比上海莱士还要特殊, 原因就在于, 它居然有一年利润比营收还多。仔细想想, 利润怎么可能会超过营收呢?

除非是公司的"非经常性损益"有异动, 比如卖子公司卖了一笔钱。

这家公司2018年的净利润就比营收还要多, 它就是沃森生物。仔细查看它的年报就会发现, 其实它是一家研发型公司, 它家的主要产品还没有上市, 一直在"烧钱", 所以总是亏损。2018年钱不够"烧"了, 卖了一家子公司, 而卖子公司的钱比它一年的销售额还高, 因此就出现了下图这样独特的现象。

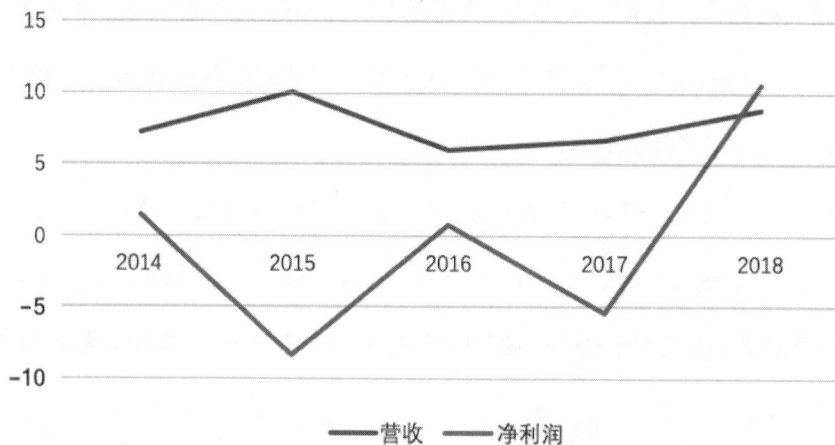

增收不增利的呢? 那就太多了, 我们再把信立泰搬出来聊聊。

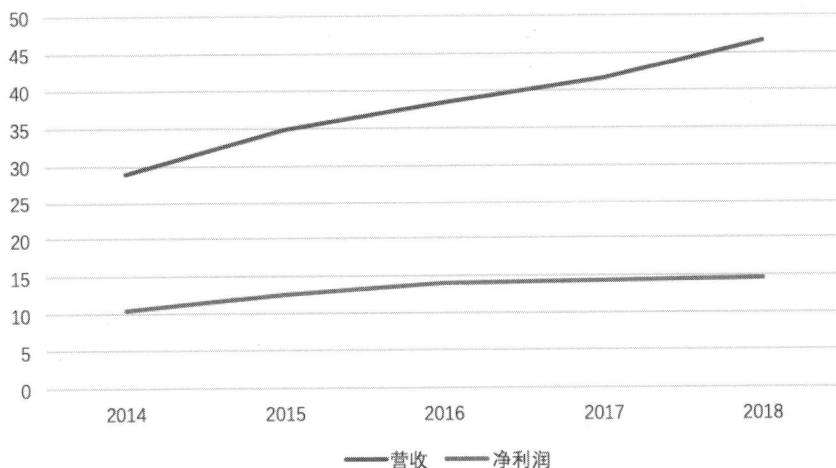

营收 ——净利润

看信立泰,我们可以发现,公司2014—2016年净利润都能跟得上营收,只是2017、2018这两年开始掉队了,深扒原因我们可以知道,一方面是受公司从2017年变化较为显著的研发费用的影响,2017年公司研发投入4.39亿元(+46.37%),占当年营收的10.57%,其中资本化率为25.53%(和往年持平);2018年研发投入8.04亿元(+83.09%),占当年营收的17.28%,其中资本化率为49.32%。

另一方面是公司从2017年开始销售费用就在猛增,2017年销售费用11.56亿元(+35.7%),2018年销售费用13.46亿元(+16.4%),如果翻看公司2019年半年报,销售费用也是极大地增加,公司对此的解释是:加大了对新产品的推广而增加了市场推广费。

结合公司的年报可以发现,因为国家出台医药集采政策,公司在加速往创新药企转型,而这个转型的过程很漫长。因此,公司的财报大概率还会"丑陋"一段时间。

好了,举了反面例子,我们该来举正面例子了。元祖股份就是一家营收、净利润平行的标准好公司,如下图所示。

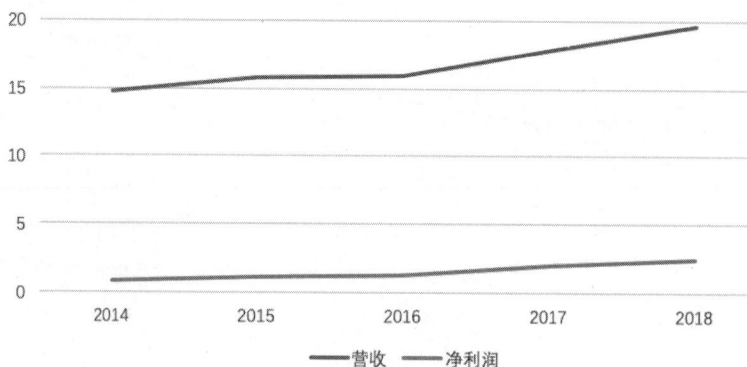

当我们看到元祖股份的营收、净利润呈平行走势时，简直都要感动得流泪了，因为A股中已经有太多增收不增利或者增利不增收的公司了。

2.毛利率与净利率

一般在看过公司连续五年的营收、净利润之后，我们会接着看两个指标，那就是销售毛利率和销售净利率。如果一家企业连续几年毛利、净利都走高，那当然再好不过，证明公司在想方设法地压低成本、控制支出，这是管理层负责任的表现。

反之，如果一家企业毛利连续走低，大家就要当心了，这是一个十分值得警惕的信号，因为很多公司的没落都是从价格稳定不住开始的。毛利连续走低证明公司的直接成本变高，要么是行业地位发生变化，上游话语权变高，要么是终端出现"凶狠"的竞争对手开始打价格战。

所以，一旦毛利率、净利率双双下降，我们就得结合具体公司进行深入分析，比如金域医学，见下图。

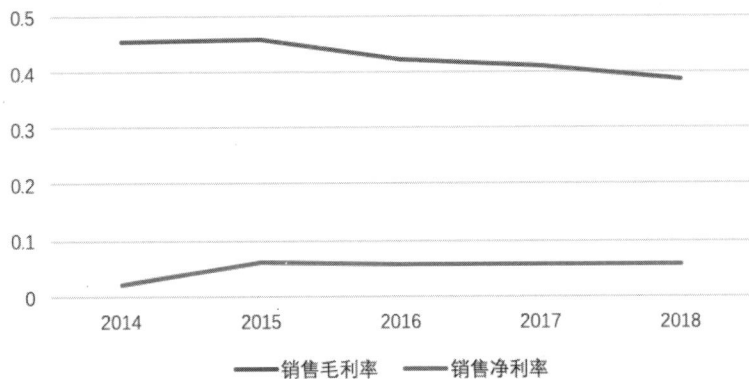

销售毛利率　　销售净利率

从公司的销售毛利率和销售净利率来看，公司的经营状况是极不健康的，毛利率逐年走低，净利率更是低得不行，5.6%的净利率，比大多数制造业平均净利率水平还低，一点儿都不像一个医药行业的公司。

翻看公司年报，公司对毛利率下降给予的解释是：终端检验降价和竞争加剧所致。那么问题又来了，终端检验价格为什么一直在下降？是因为公司只能靠打价格战吸引客户了吗？

我们再仔细翻看公司的年报，发现公司对可能面对的风险是这样解释的：随着医改深入推进，特别是公立医院取消药品加成以后，医院财务压力增大，对成本更加敏感，检验服务价格将呈现走低趋势；医院回收或自建低投入、高业务量成熟项目的意愿更强，单家医院的标本量会受到影响。

还好，金域医学终端检验价格走低是政策原因，和公司本身无关。

那我们再来看一个反面的例子——分众传媒，分众传媒在2018年之前一直维持毛利70%、净利50%左右的水平；2018年稍降，变成毛利66%、净利近40%，这点儿降幅还不算什么，2019年半年报直接变成毛利42%、净利13.3%。

原因就在于，2018年公司出现了一个竞争对手——新潮传媒，这个对手采用碰瓷性竞争战略，疯狂和分众传媒打价格战，而这种电梯广告本来就不存在什么护城河,对手降价,你就只能跟着降价。所以,跟着公司产品价格一起降的,除了利润就是股价了,见下图。

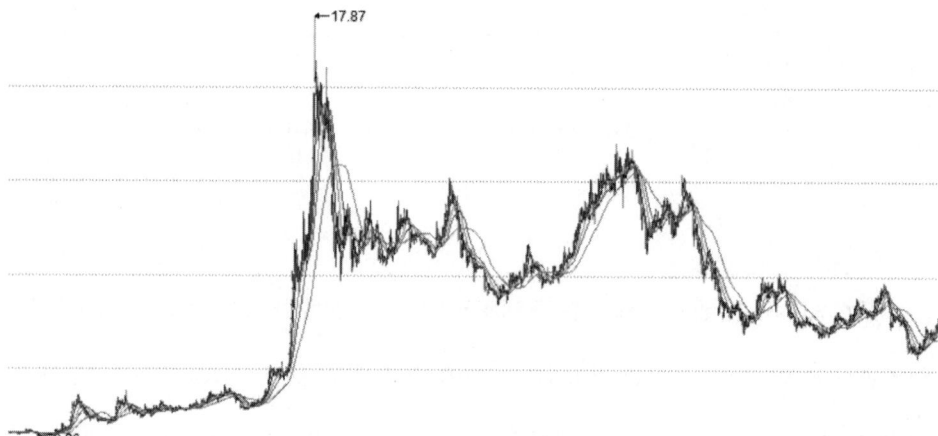

因此,一家公司如果有高毛利,那躺着赚钱自然最好,但也要留个心眼儿多问一句,这家公司凭什么享受如此高的毛利?巴菲特曾经讲过:"任何能够获取高回报的商业堡垒,都必然会受到竞争者的反复挑衅。"

我武生物因为有专利保护,取得了95%+的毛利;茅台,因为其特殊性,换了地方换了公司谁都酿不出来,取得了90%+的毛利;五粮液,取得了白酒行业70%+的毛利;华兰生物,血制品政策保护使其取得了60%+的毛利。

那么,分众传媒有什么呢?凭什么能拿70%+的毛利呢?新潮传媒即便在最终的PK中输掉了,之后也会出现千千万万个新潮传媒。分众传媒在这里,只能说,它作为龙头入场早,打价格战,暂时还耗得起。因此,最终大概率还是会胜出。

但在此之后,整个电梯广告行业估计就只能维持一个后来者不会想进来的毛利率,也就是公司2019年半年报的40%了,这个毛利我们认为才是合理的。

七、上市公司业绩的"照妖镜"：现金流

上市公司中有一家大名鼎鼎的公司，几乎人人都知道，随处也能看到。你八成还在这家公司消费过。比如去年，"价值事务所"的vive就在其下单了一台格力空调。这完全符合彼得·林奇从生活中选股的标准。再看一看，这家公司的股票估值特别便宜，市场给的估值和它对应的营收、净利润完全不匹配。

这家公司的股价也是自2015年以后就再也没有涨过，这家公司就是苏宁易购。看到这里，你是不是满肚子困惑，为什么呢，见下图

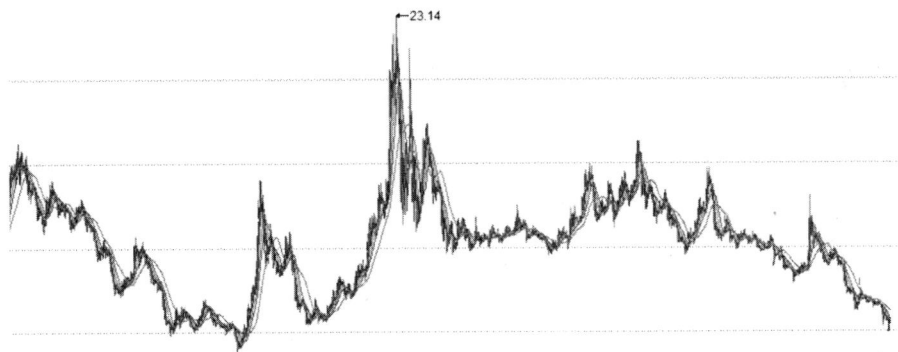

或者是你觉得你看到了一个被市场遗忘的超级牛股，准备买入，见下图。

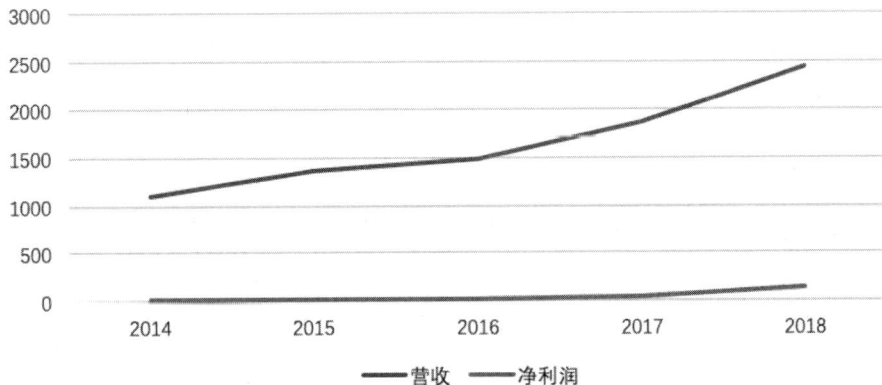

看公司最近五年的业绩，营收增长迅猛，这势头是直奔3 000亿元去的，净利润虽然"趴"在地板上，但2018年也过百亿元，达133亿元之多，如此"赚钱"的公司，市值怎么就在1 000亿元徘徊呢？

答案在经营性现金流里，公司近五年来只有2015、2016两年经营性现金流为正，其余都是负的，连续五年，经营性现金亏损高达162亿元，说明公司的主营业务一直就没有赚过钱，见下图。

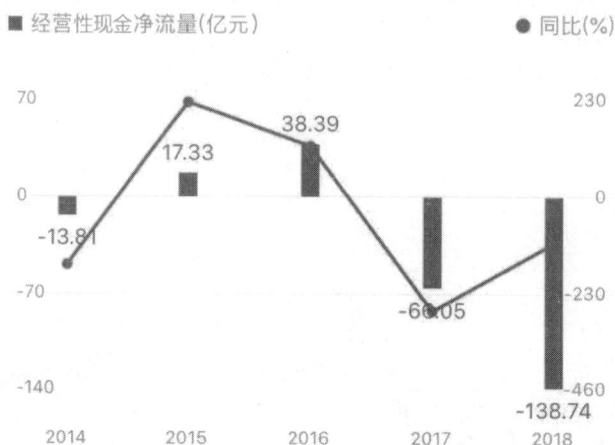

这点也能从公司分红看出，公司上市15年来，分红融资比只有可怜巴巴的15.7%，还常年高转送，那公司赚的钱都是从哪里来的呢？

以2018年为例，苏宁的扣非净利润是−3.59亿元，其中有139.91亿元的投资收益，也就是说，使公司2018年扭亏为盈的是一笔投资，这笔投资收益具体是什么呢？

单位：千元

	金 额	占利润总额比例	形成原因说明	是否具有可持续性
投资收益	13,990,648	100.32%	主要由于公司出售了阿里巴巴股份，以及公司及子公司开展投资理财。	基于现金管理而产生的投资收益具有可持续性。公司将进一步加强现金管理，开展投资理财以提高资金收益，对投资收益产生积极的影响。

　　上表来自公司2018年年报，原来公司2018年靠卖阿里巴巴的股票，赚了139.9亿元。再看苏宁2014～2017年的扣非也都在亏钱，靠什么扭亏为盈的呢？见下图。

扣非净利润

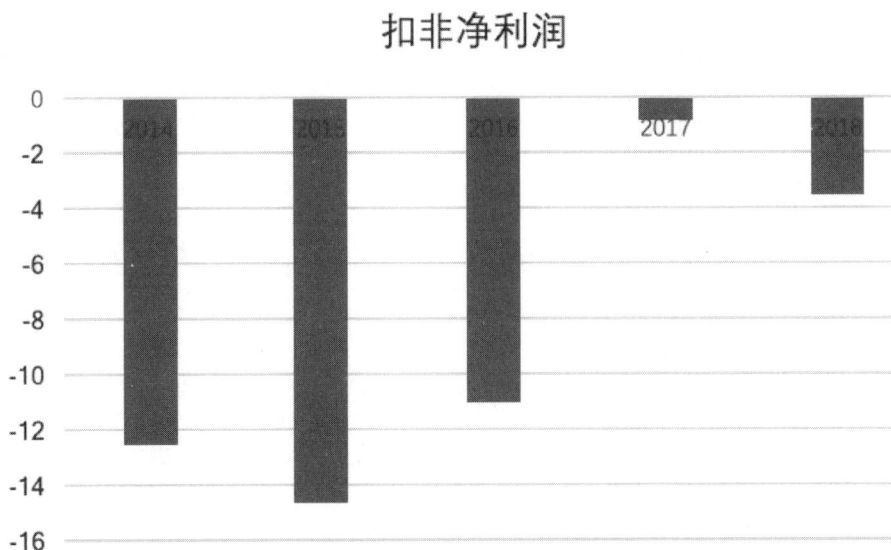

　　原来2017年，苏宁还是靠卖阿里巴巴的股票过日子的，这时可能有人问了？苏宁的阿里巴巴的股票从哪里来的？这需要去苏宁的股东结构找原因了，见下图。

股东名称	持股数量	持股比例
张近东	19.52亿	20.96%
苏宁电器集团有限公司	18.61亿	19.99%
淘宝(中国)软件有限公司	18.61亿	19.99%

　　原来，很久之前，苏宁把自己卖给了阿里巴巴，从而换取了不少阿里巴巴的股票，阿里巴巴的股票让苏宁2017年、2018年业绩不至于太难看。

　　2014年，苏宁扭亏为盈，靠卖自家的11家门店，接盘方是苏宁母公司，左手倒右手，右手再续租回来经营；2015年，卖了PPTV和自己的14家门店，和2014年一样，门店卖了接着租回来继续经营；2016年，扭亏为盈是靠把自家仓储物流公司给卖了，卖了之后再租回来让自己能保持正常周转。

可以说，苏宁自2009年达到巅峰之后，十年来一直都在亏钱。这样的公司向市场证明了，自己根本没有造血的能力，自己做的业务根本就不能赚钱。因此，市场不会给予它高估值。

讲到这里，我们就要引出这节的正题了——上市公司业绩的"照妖镜"：现金流。我们在前文也说过，苏宁的异常要去现金流里面找答案。

一家公司利润很容易造假，但是现金流造假很难。因此，现金流是巴菲特最在意的指标之一。

说了半天，那到底什么是现金流呢？你可以这么想，一家正常经营的企业，扣除掉所有的开支，比如成本、广告投放、给员工发的工资等以后，剩下来的就是可以自由支配的钱。

就好比你每个月发了工资以后，把房贷、信用卡还了，再除去生活必要的开支，最后剩下来的钱。

看到这里，你是不是觉得很奇怪？你说的这个是利润吧？不是的，利润只是自由现金流里面的一部分。因为现金流除了包含净利润，还考虑到了另外一件事，就是为了维持公司的利润需要额外投入的钱，

举个例子，你开了一家饭馆，因为味道特别好，很快就开始盈利了。每个月都可以带来10万元的收入，扣去房租、员工薪水、原材料等，最后一个月能赚个3万～5万元。这反映在你的利润表里，就是每个月赚3万～5万元。可是你在开这家饭馆的时候，投入的钱可不是和利润一样按月算的。

比如，你不可能只准备一个月的存货，你可能需要准备得多一点儿，还有提

前给供货商打的款，你买来的设备（锅碗瓢盆）过一段时间就需要更换新的，这些都需要额外投入资金。

因此，非常有可能看利润每年都是正的，可是投进去的钱要很久才能收回来。

假设你看到第一家店这么火爆，想着开一个分店，又要投钱进去。那么，利润表看上去一直在挣钱，而实际上你一直在往里面投钱。

看到这里，你应该就能明白了，为什么利润没有办法反映一家公司真实的盈利情况，这也是巴菲特如此在意现金流的原因。

八、举例：最关键的综合性指标：ROE

巴菲特说，如果只能用一个指标来选股票，他会选净资产收益率，也就是ROE，而且这个值不能低于20%。ROE是净利润除以净资产得到的值，通常用来衡量公司的经营效率和给股东带来的回报。

假设说我们投资某一项目100万元，最后这个项目给我们带来了20万元的利润，那么，这个项目的ROE就是20%。

我们来看ROE的公式：净资产收益率＝销售利润率×总资产周转率×权益乘数。

其中，销售利润率代表的是公司是否赚钱，要想销售利润率高，要么就要产品足够好、足够赚钱、毛利率高，要么就要企业成本足够低。笔者一直不太喜欢制造业的公司，原因就在于它的销售利润率实在太低了，经常都是10%以卜。

反观医药行业和食品饮料行业，为什么频频出牛股，就是因为它们特别赚钱，毛利、净利都十分高，动不动就是60%以上的毛利率、20%以上的净利率。比如A股股王茅台，毛利率90%以上、净利率50%以上，完全就是躺着赚钱。

总资产周转率反映的是公司的营运能力，比如我们看超市，超市的利润率是十分低的，你根本想象不到，永辉超市的净利率连2%都没有，卖100元钱的商品，只能赚不到2元钱。

像永辉超市这样的零售商，要想赚大钱，就必须提高自己的资产周转率，也就是在同样的时间，多多地卖，核心就是一个字：快。

比如，网红零食企业中，三只松鼠的ROE就远超来伊份、盐津铺子、好想你等同行，其中的奥秘就在于三只松鼠始资产周转全行业最快。

权益乘数，这四个字有些人就不懂了。大家理解成企业给自己加的杠杆水平就好，杠杆的意思是假设我的本金是100元钱，拿去投资，赚了10元钱，收益率10%，而我找别人借了900元，加上本金100元，同样的收益10%，其实我赚了100元钱，对比100元的本金，收益率达到了100%。

企业的杠杆，就是企业的负债率，比如企业借了钱，或者让下游先付款后拿货、对上游先拿货后付钱等，都能增加企业的杠杆。

比如天润股份，"冰淇淋化了""巧克力碎了"就是该公司的产品，净利率在8%～9%，是高于伊利的7%～9%的，这说明天润赚钱的能力强于伊利，但是ROE差伊利一大截，主要就在权益乘数和总资产周转率上，见下图。

ROE(扣非加权)

年报 ▼

● 天润乳业　● 伊利股份

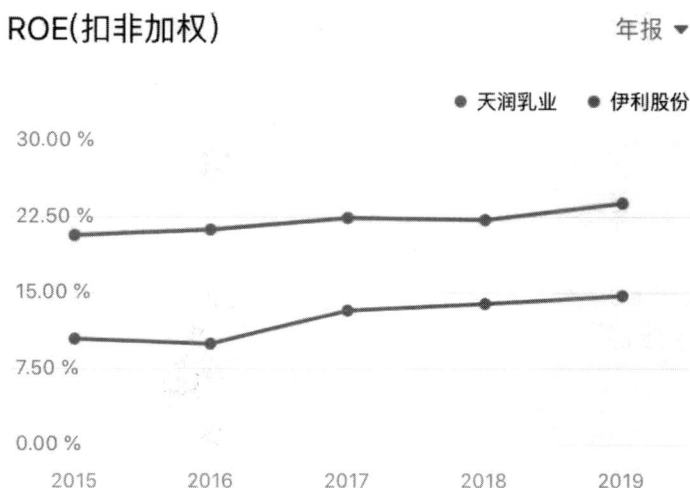

2019年，在总资产周转次数上，伊利为1.67次，天润为0.85次，差了快一倍；资产负债率伊利是60%，也大幅高于天润的40%。

这就说明伊利作为我国奶制品企业的龙头，品牌优势更强，它可以把更多的杠杆加给上下游，天润对上下游的话语权明显不如伊利；伊利的全国渠道优势明显，资产整体周转率强于天润，运营效率更高。看到这里你应该明白了，伊利比天润强在规模上。

看到这里，你应该就能理解，为什么巴菲特如此重视ROE了，这个指标相当于把公司多个方面进行了综合的考量。芒格也曾说过：投资一只股票的长期收益大致等同于它的ROE，如果一家企业40年来的资本回报率是6%（即ROE为6%），那40年后你的年化收益率不会和6%有什么区别。

1988年，巴菲特在可口可乐上下了13亿美元的重注，就是因为可口可乐在过去十年，ROE始终保持在20%以上，于是这13亿美元，10年时间，为巴菲特带来了超过120亿美元的回报。

这就是ROE的魔力。

九、举例：手把手教你分析上市公司的财报

通过前面几个小节的学习，我们现在来看一家教科书级别公司的财报。当然，我们在此就不挑贵州茅台了，我们挑一些比较小众但是很有代表性的公司。

1.元祖股份

元祖股份上市三年来分红融资比为56.91%，远远超过笔者定出的十年不低于50%的及格线。

公司的资产负债率呈逐年降低的趋势，到2018年为38.65%，没有任何短期、长期借款，没有发行债券，负债中比较高的是5.51亿元的预收款，这意味着公司在整个产业链中的地位十分高，下游找公司拿货，都是先给钱再拿。

元祖的存货、应收账款几年来几乎没什么变化，但存货周转天数和应收账款周转天数却是下降的，而且下降得十分明显，说明公司的经营效率高，见下图。

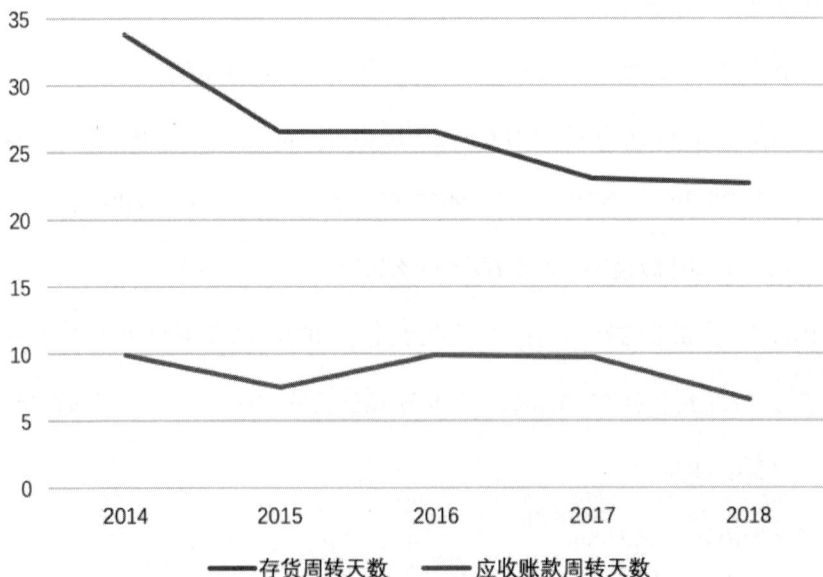

图中横轴为2014、2015、2016、2017、2018；纵轴为0至35。图例：存货周转天数、应收账款周转天数。

再看公司的业绩表现，营收和净利也几乎是两条平行线，说明公司的增长十分稳定。

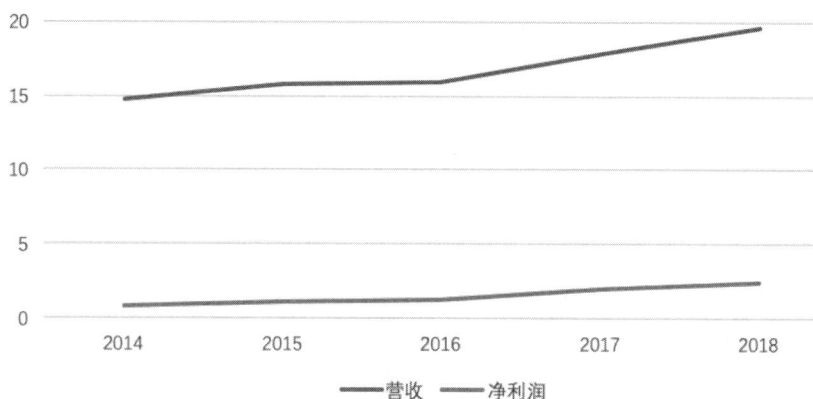

销售毛利率、净利率都是逐年走高，截至2018年年末，毛利率为64.81%，净利率为12.34%。说明公司在不停地想办法压缩成本，增加营收和净利。

公司的经营现金流也是常年大于净利润，证明收到的都是"真金白银"，其实这也能从公司较低的存货、较快的应收账款周转、较多的预收款中看出来。当然大方的分红等也能证明，公司经营状况十分不错，见下图。

经营性现金流（亿元）

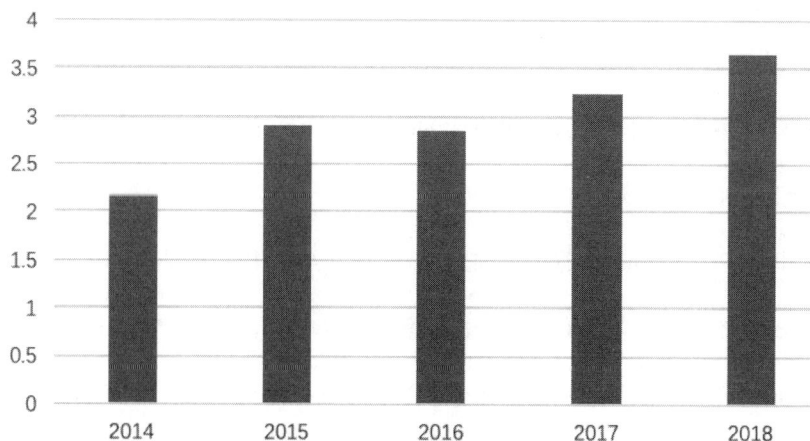

最后，我们来看一下元祖股份的ROE，不难发现，2014—2016这三年都特别好，在巴菲特所说的20%以上，2017—2018之所以下降了，原因是2016年底，公司上市了，募集了一笔钱，一瞬间把公司的资产负债率拉低了。因此，ROE便下降了一点，但2018年ROE明显比2017年高了一些，这无疑是个好趋势，见下图。

ROE（%）

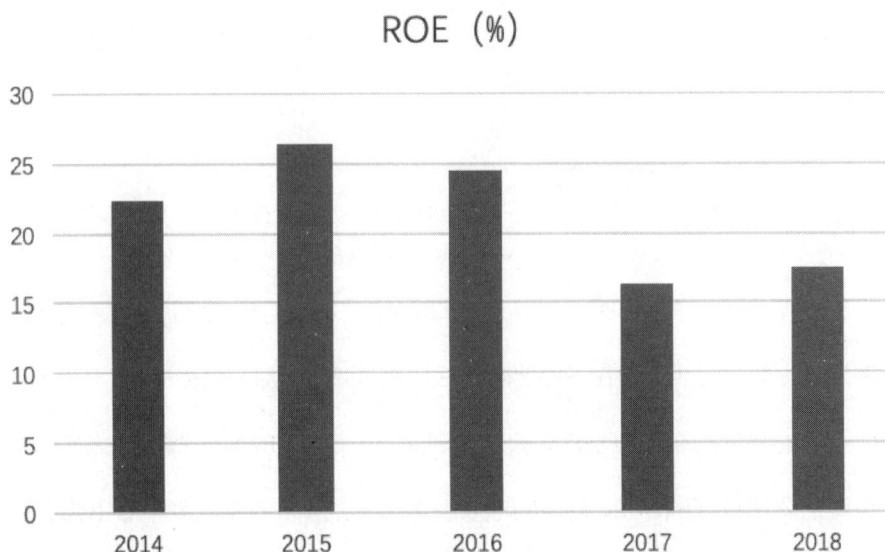

看到这里你会发现，原来开在路边的、卖糕点的元祖是一家这么优秀的企业。

2.美年健康

美年健康上市13年来分红融资比为6.04%，远低于笔者定出的10年分红融资比不低于50%。

公司的资产负债率近五年来都呈走高趋势，至2018年高达55.39%，其中：短期负债24.14亿元，一年内到期的非流动负债8.28亿元，长期借款13.54亿元，应付债券8.96亿元。看来公司是把能用的融资方式都用到了，就差股权质押了，仔细一看，果然股权质押的招术也用上了，见下图。

股东名称	质押总数	占直接持股比
上海天亿资产管理有限公司	2.416亿	81.56%
上海美馨投资管理有限公司	1.917亿	76.18%
上海天亿实业控股集团有限公司	1.618亿	61.36%
北京世纪长河科技集团有限公司	1.155亿	62.2%
南通友谊实业有限公司	5690万	90.96%
俞熔	2470万	89.31%

其中，前四大股东都以超高比例进行了质押，俞熔为公司实际控制人，共持股上市公司16.51%，看来公司缺钱真是缺到了极致，见下图。

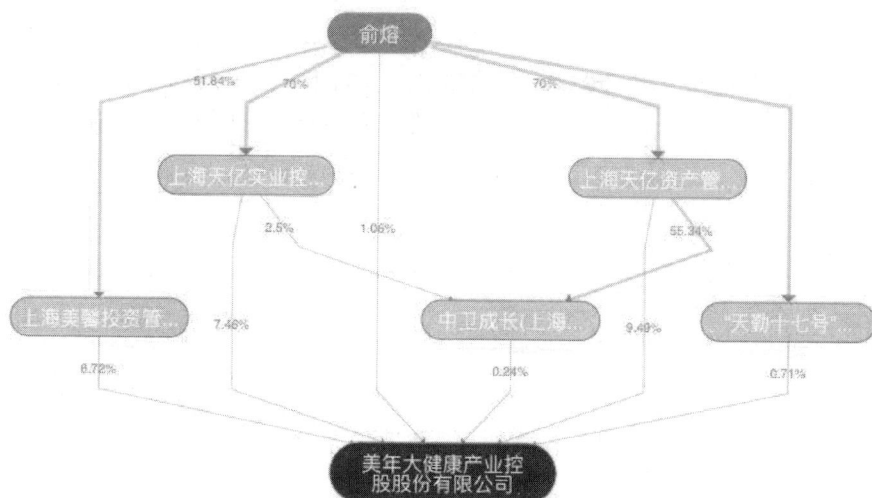

公司2018年利息支出共计2.49亿元，全年利润也才8.21亿元，利息支出占利润的比例为30.32%，这完全是在给银行打工。看到这里，公司常年分不了红也就

能理解了，自己都没有钱，哪有钱分给股东，见下图

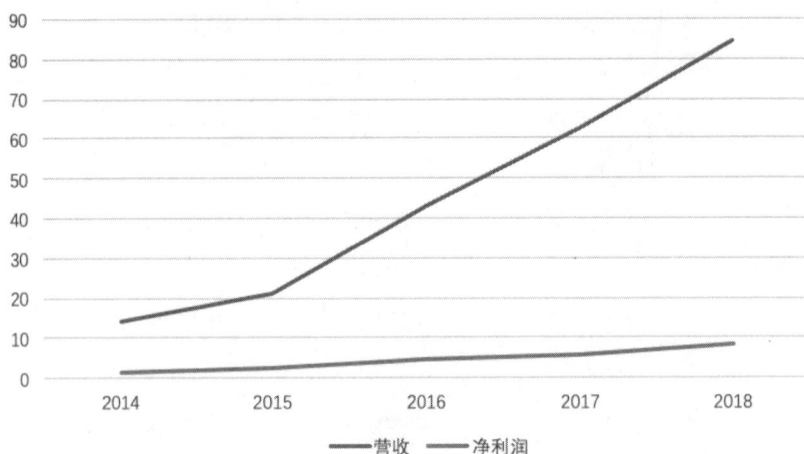

看公司近五年来的营收与净利，净利基本追不上营收（虽然增长也很可喜），从销售毛利率、净利率来看，毛利挺高，维持在48%左右，净利却极低，连制造业的净利率都不如，怎么看都不像一家医药行业的公司，而且这两年的毛利率、净利率还都呈下降趋势，见下表及图。

	2014	2015	2016	2017	2018
销售毛利率	20.06%	47.95%	48.31%	46.96%	47.56%
销售净利率	6.48%	13.62%	12.28%	11.14%	11.50%

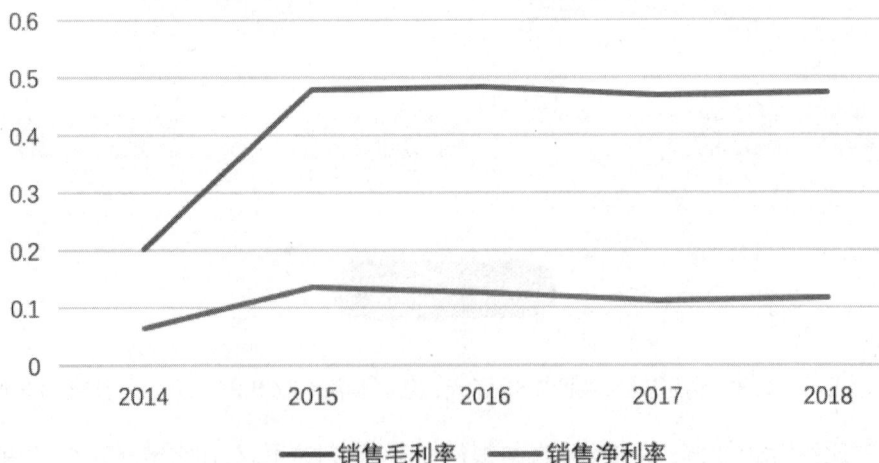

吃掉公司利润的是什么呢？仔细翻看公司的利润表，你会发现罪魁祸首就是逐年增长的销售费用，见下图。

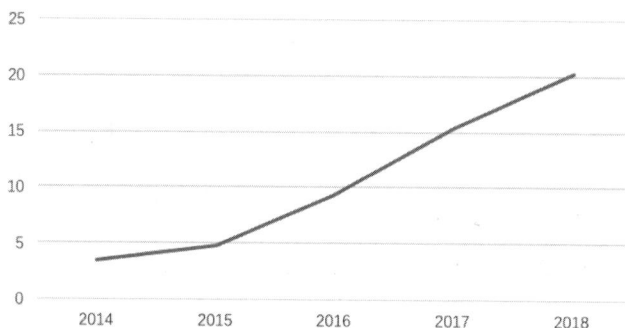

不难发现，公司的营收、销售费用陡增都是从2016年开始的，2016年公司还有另一项指标异常，但是由于十分小，不仔细看你根本注意不到，那就是对联营企业和合营企业的投资收益。

2016年：-702.60万元，2017年：-480.1万元，2018年：-984.83万元。原来，公司在上市公司体系外有大量的、没有并表、持股比例在10%～20%的体检机构，这个表单十分长，我们就列其中的一部分让大家感受一下，见下表。

美年大健康产业控股股份有限公司 2018 年年度报告全文

太原美兆健康科技有限公司	5,700,000.00			5,700,000.00				16.29%
辽阳美兆健康管理有限公司		5,700,000.00		5,700,000.00				19.00%
珠海美年大健康健康管理有限公司	2,700,000.00	2,880,000.00		5,580,000.00				18.00%
郑州美兆健康医疗管理有限公司		5,400,000.00		5,400,000.00				10.80%
台州美旗健康体检中心（普通合伙）	5,160,000.00			5,160,000.00				11.88%
金华市美旗国宾健康管理有限公司	5,160,000.00			5,160,000.00				19.00%
上海美旗门诊部有限公司		5,000,000.00		5,000,000.00				10.39%
广州美兆健康管理有限公司		5,000,000.00		5,000,000.00				10.00%
无锡美兆门诊部有限公司		5,000,000.00		5,000,000.00				10.00%
福建美兆医疗科技有限公司		5,000,000.00		5,000,000.00				10.00%
佛山万达美兆健康管理有限公司		5,000,000.00		5,000,000.00				10.00%
南京美兆门诊部有限公司		4,816,000.00		4,816,000.00				17.20%
福建美年大健康管理有限公司	4,500,000.00			4,500,000.00				15.00%
西安美兆健康管理有限公司		4,410,000.00		4,410,000.00				10.00%
广州康园健康科技有限公司		4,370,000.00		4,370,000.00				19.00%
银川美年大健康医院有限公司	4,200,000.00			4,200,000.00				15.00%
无锡美兆门诊部有限公司	4,151,900.00			4,151,900.00				19.00%
成都美年健康管理有限公司		4,150,000.00		4,150,000.00				10.00%
淮安铭泽美年大健康管理有限公司	2,647,000.00	1,500,000.00		4,147,000.00				15.00%
绍兴美兆门诊医疗有限公司		4,000,000.00		4,000,000.00				10.00%
佛山奥菲健康管理有限公司	3,900,000.00			3,900,000.00				19.50%
玉林慈铭门诊部有限公司	1,170,000.00	2,730,000.00		3,900,000.00				19.50%
九江美年大健康体检中心有限公司	2,280,000.00	1,520,000.00		3,800,000.00				19.00%

美年健康上市公司体系里都是业绩比较确定的好门市，而其他的都是通过资本运作不停买来的，而买来的公司都通过参股的收购基金来运作。由于公司占比极低，即使赔了，总体来说对公司的业绩影响也不大，如前文所述，也就是一年亏不到1 000万元而已。

一旦这些公司盈利稳定了，上市公司体就可以扩大持股比例，使其成为上市公司体系内的一部分，这便造就了公司不停增长的营收和净利润。

上市公司主体增长不错，质押股权、贷款可以得到更多的钱，拿这部分钱出去收购，不错的装入上市公司，亏损的不管，一直重复上述过程。

所以，我们补充一个知识点：一旦上市公司很缺钱，股权常年质押，股东结构是基金式的，对联营企业和合营企业的投资收益常年亏损的，大家要提起十二分的注意，无论公司表面业绩增长有多么光鲜，一定要慎之又慎。

因为这类公司很有可能是在玩上述"套路"，这样的"套路"在于，大量联营企业在非上市体系操作，里面发生什么事，上市公司主体财报是一点儿都没法儿体现，极有可能爆雷了都不知道是怎么回事。

3.基蛋生物

基蛋生物上市三年，分红融资比为35.9%，股利支付率基本保持在30%。

公司资产负债率极低，不到20%，其中有息借款只有2019年才有一笔不到1亿元的短期借款，有6亿多元的现金，4亿多元的理财产品，全年财务费用为负，可以说是一家十分有钱的小而美的公司了。

但奇怪的是，公司明明不差钱，为什么会借近1亿元的短期借款呢？2020年一季度，这个数据更是激增到了3.14亿元，然而在年报中，公司对此并没有合理的解释。

不过更奇怪的是，公司2019年财务费用为-184万元，其中利息收入272万元，利息支出144万元；2020年一季度利息收入679万元，利息支出164万元。

于是，笔者有一个十分大胆的想法，公司的短期借款是拿去"套利"了，以极低的利息费用借来的钱，去套理财产品的利。为什么会有这样的想法呢？因为公司账上有钱却去借这么一大笔钱，要么只能说公司账上的现金是造假的，可这没有道理，因为公司是新上市的，新上市的公司我们都偏向财务没有造假这种可能，因为证监会对次新股的审核相当严格。

公司近五年的业绩，增势迅猛，半点儿没有停下来的趋势（见下图）。

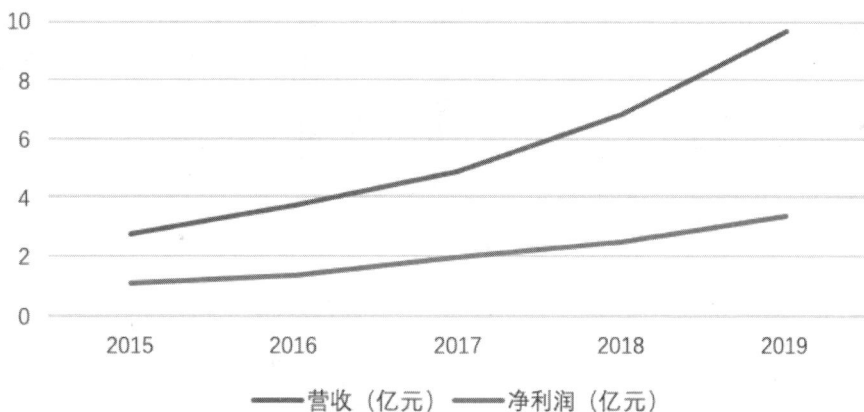

—— 营收（亿元）　—— 净利润（亿元）

但过去只能代表过去，医药行业的公司未来是否能持续增长，主要在于对研发的投入上，对于公司这个体量来讲，1亿元的研发投入算是比较大的了，投入占营收比例近11%，见下表。

单位：元

本期费用化研发投入	104,730,848.57
本期资本化研发投入	970,294.27
研发投入合计	105,701,142.84
研发投入总额占营业收入比例（%）	10.92
公司研发人员的数量	328
研发人员数量占公司总人数的比例（%）	18.97
研发投入资本化的比重（%）	0.92

公司的研发支出资本化率只有0.92%，大概97万元，基本可以忽略不计。不过

从这也可以看出，很大概率公司的短期借款是拿去"套利"了，连97万元的研发支出都不放过，所谓的"勤俭持家"大概说的就是该公司的做法吧。

公司的经营性现金流都为正，2015—2016年都大于净利润，但2017—2019年明显跑输净利，见下图。

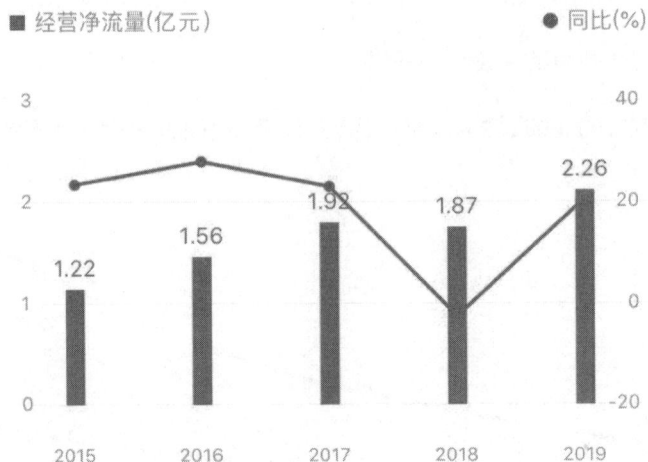

结合公司突然猛增的应收票据反应收账款（见下图），可以说公司这两年的净利润是有水分的，公司近两年大幅放宽了下游的"赊账"条件，同时公司的应收账款周转天数也从2016年的16天激增到了2019年的56天。

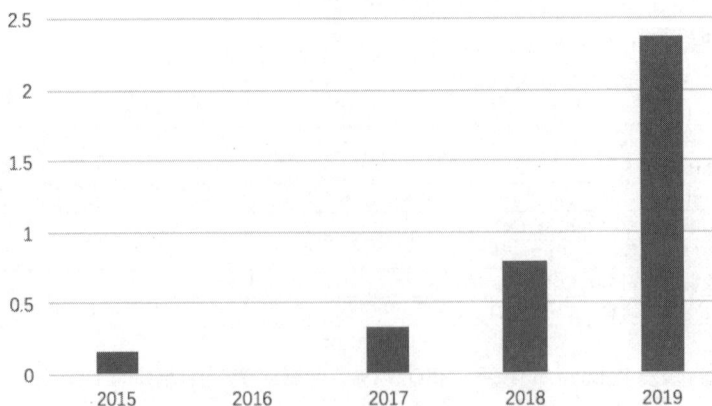

应收票据及应收账款（亿元）

如果说，2015—2018年的变动还算正常，2019年就着实太反常了，翻遍公司历年公告会发现：基蛋生物在2017年推出了股权激励计划，激励对象总人数为116人，对象包括中层管理、核心技术、骨干业务与关键岗位人员等，授予价格为28.90元/股。

而达成股权激励的条件是：以2016年扣非净利润为基数，2017—2019年净利润增长分别为30%、60%、130%，即三年的复合增速要达到32%。

原来公司在2019年突然"大放水"，是因为2019年股权激励业绩可能不达标，所以让下游赊销来增加业绩，完成股权激励的承诺，难怪公司连97万元的研发支出资本化的机会都不放过。

第五章

精通价值投资

很多人对价值投资抱有一些偏见，总是认为价值投资就是长线持有，不做仓位管理和择时等，其实价值投资的内涵很丰富，它同样可以择时，同样可以做仓位管理，以及对投资赔率和效率都可以有一定的要求。所谓兵无常势，水无常形，价值投资的运用同样如此。

一、不是长线持股就叫价值投资，价值投资也不一定长线持股

巴菲特说过一句话：如果你不想持有一只股票10年，那你连10分钟都不要持有。由于巴菲特是价值投资的集大成者，导致很多价值投资者普遍认为：价值投资就一定要长线持股。这应该是大家对价值投资最大的误解之一了。做价值投资确实是经常要长线持股，但并不代表做价值投资就一定要长线持股。要想彻底想清楚这一点，就必须对价值投资的基本理念有一个清楚地认知。

传统意义上的价值投资是相对于技术投资而言的，投资买卖都是基于公司的基本面进行的。宽泛一点儿的价值投资主要是以不亏损为出发点，主要以公司的基本面和估值水平作为决策依据，并结合其他提高投资确定性的系统性投资方法。也就是说，价值投资跟持股的时间长短没有什么关系。

实际操作中因为价值投资出发点是避免亏损，对公司的基本面、尤其是估值水平会有比较高的要求，追求股价不高于公司的内在价值，所以很多价值投资者都是左侧投资者，就是买跌不买涨，这导致买之后经常要等很久才能迎来价值回归。但也有可能买入后股票就突然拉升了，很快股价就超过了公司的内在价值，公司的价值不再被低估，甚至被严重高估。在这种情况下，作为价值投资者肯定是要择机出掉换股的。也就是说，长线持股并不是价值投资的目的，只是等待价值回归的手段而已。

认为做价值投资就要长线持股都是没有真正入门的，价值投资的核心是价值，只要个股股价相比内在价值存在价值就可以参与，至于价值什么时候回归那

就是市场的问题了。大家在学习价值投资上一定要学到价值投资的精髓而不是外在形式。很多价值投资者对市场的题材炒作非常厌恶，不止从来不参与，更是非常鄙视。这些人其实都是只学到形没学到神的价值投资者。相反，真正的价值投资者也是可以关注市场的题材炒作的。

A股市场习惯题材炒作，看似和价值投资格格不入，但其实题材炒作往往也是价值发现的一个过程，价值投资者也是可以考虑参与的。比如一个题材出来了，就可以看看相关的概念股的股价和内在价值之间的关系，股价有没有被低估，如果低估的话就可以考虑参与。题材炒作有助于公司的内在价值体现，这可以算是一种不错的选股方法。

具体操作的话，一旦一个题材爆发了，就逐个看看概念股的基本面如何，按照前面的分析股票的方法，寻找估值比较低的标的介入，如果市场开始炒作了，则看看炒作后的估值水平和之前相比如何？是否已经估值回归？如果不再低估则可以考虑出掉。

二、做价值投资，同样需要做买卖点选择

做价值投资简化下来就是三步：寻找好行业，然后在好行业里寻找好公司，找到好公司后还得寻找好价格。好价格是一个很模糊的说法，一般而言估值合适就买，对买点并没有比较精确的要求，甚至根本不要求买点。但实际上，做价值投资也要关注一下买卖点选择，原因很简单，好的买卖点有助你更好地持股。

投资是很难的事情，虽然价值投资倡导买好股票耐心持有等待市场的价值

发现，但实际上并不是那么简单的事情。比如你买进去后就一直在下跌，你会怀疑股票是不是真的优秀？是不是经营出了什么问题了？自己对于公司的分析有没有错？股价还能不能起来？该割肉还是补仓？这些问题看似很容易，但一旦是真金白银买入的，尤其重仓操作的时候，这些问题就是非常难的问题了。之所以要考虑买点，就是尽可能避免这种问题，最好买入后就能很快脱离成本区，持续体验更好，更有助于拿住股票。那么价值投资好的买点有哪些呢？

最经典的买点当属价值低估的时候买入，正常估值时持股，高估时卖出。这是价值投资最传统的做法。股价低于股票内在价值的时候就是被低估了，因为长远看价格终将回归价值，所以，低估的时候买入就是安全的。巴菲特和他的老师，以及巴菲特的追随者都是这么做的，这个也毫无疑问是不错的方法。只是这个方法有两个问题：一方面，假如买入后就下跌，还是避免不了持股体验不好的问题；另一方面，要等来低估的时点可能要好久，而且不知道什么时候能等来。

遭遇突发性事件利空时买入。个股或者行业遭遇突发性事件利空的时候，很有可能是一个不错的买点。比如，2008年的三聚氰胺事件对中国乳制品行业的影响，事后看就是一个非常好的投资机会，另外，2013年的塑化剂风波导致白酒板块集体腰斩，后面也都是起来了。不过这种事件性的利空要注意是行业的问题，还是个股的问题，另外，影响是不是永久性的，能不能改进，以及有没有造成重大的人员伤亡等。行业性的问题，又不会造成永久性的伤害，也没有重大的人员伤害，行业集体受创后，长期来看对行业龙头反而是好事情。

业绩出现拐点时，是买点。当行业和个股出现明显的业绩拐点的时候，尤其是行业整体景气度提升的情况下，就是一个不错的买点。比如，2013年白酒行业出现了塑化剂风波，市场都觉得白酒的业绩不行了，没想到2014年业绩反而非常亮眼，市场存在非常大的预期差，可以说是一个业绩拐点。于是后面两年白酒行业走出了一波大行情，甚至2015年熊市的时候也没怎么跌。当行业集体出现业绩拐点的时候，往往是一个非常不错的买点。

　　大盘系统性风险导致个股超跌的时候买入。有时候由于市场遭遇突发性利空消息，市场会在短时间内遭到猛烈打压，导致短期内很多优秀股票超跌。如果确认个股的下跌是由系统性风险导致，个股又处于明显低估状态，或者是此时的价格在市场正常的时候是不可能有的，那就可以大胆介入，等待市场恢复理性。比如，2018年的时候，市场担心中国经济会受影响，因此恐慌下跌，很多优秀股票短期内普遍下跌30%以上，但其实仔细分析，很多股票受此影响不大，甚至会受益于这个过程，这就是一个很好的买点，后面两年很多个股都创新高了。

　　上面几种方法都是基于市场的变化，依据个股的基本面和股价之间的关系进行决策的，还有一种方法则是根据技术面来选择买点，在个股回落到重要均线的时候买入，比如在30日均线、60日、120日和250日均线处买入。但这种就一定要注意了，必须标的是公认的白马股，公司也没有什么业绩造假之类的传闻。大白马之所以回落到重要均线，肯定有各种原因，但只要不是业绩造假，后续一般都有机会起来。

　　当然了，大家要注意的是，选择买点也只是为了让持股体验更好，没有谁，也没有什么办法能保证一定能买在最低点，所以只要确认标的属于很安全的投资品种，就可以出手了，为了避免全仓进去被套，持股体验不好，可以逐步分仓、建仓，也就是定投。定投一般都是先建仓一部分，比如1/4，然后设定每下跌几个点加相应的仓位。不过定投也有不好的地方，就是有可能才建仓一部分，但是个股马上就拉上去了，不得已去追加仓位，导致建仓成本升高了，甚至不敢加仓导致错过大牛股。

不过大家要明白，关注买点是希望可以持股体验更好，任何的方法都一定会有这样或者那样的缺陷，没有百分之百完美的方法，所以，不要过度沉迷于寻找更好的方法，更精确的点位上。要知道，资本市场天生就具有不确定性，所以更应该追求的是模糊的准确，而不是精准的错误。只要从基本面上确定拟投资的标的具有比较强的确定性，那么该买就买。切忌本末倒置，对于价值投资者来说，买点更应该是一个面，而不应该是一个点。

三、做价值投资，同样需要做仓位管理

在技术投资中，仓位管理是非常重要的一环，那么，做价值投资需要做仓位管理吗？是的，做价值投资，仓位管理同样非常重要，只是价值投资的仓位管理思想与技术投资的有所不同。

做技术投资的会用仓位管理规避系统风险，但做价值投资的，因为更关注的是个股的基本面，一般来说都不择时，所以，做价值投资的永远是满仓，并且经常是大仓位压缩一个优秀公司。但考虑到很多投资者的研究并不一定深入，尤其是价值投资的新手，所以通过仓位管理来做一些风险规避就是比较重要的事情。

首先是账户总资金的问题，也就是该投入多少家庭资产在股市上面，应该说这是没有标准答案的，每个人对家庭资产的分配不同，投入的资金当然就不同了。比如有的人的主要资产在房子上面，那投在股市上肯定就会相对少了，有些人认为自己投资能力已经到家了，投资股票比投资房产的回报更高，那肯定就要投入更多在股票上面了。这个还是要看家庭的资产情况，以及个人的投资能力。一般而言，原则上就是股票投资不能影响到生活质量，非专业投资者投入到股市的资产

不能超过家庭中资产的1/2，而且最好避免上杠杆，对很多人来说上杠杆是非常危险的事情。

还有一个说法是二八原则，说的是20岁的时候可以投入80%的资产在股市上，等到80岁的时候只能投入20%的资产在股市上，原因就是年轻的时候风险抵抗能力更强，老的时候风险抵抗能力更弱。但我们觉得这种观点很可能是错的。股票投资是一种很容易成瘾的行为，但股市又充满极大的不确定性，投资赚钱和花在上面的时间和精力并不成线性比例，不是说你投入的时间越多，投入的金钱和精力越多你就赚得越多。

投资是典型的选择比努力更重要的行为，年轻的时候为了追求快速富裕，很容易走技术投资路线，尤其是运用短线、超短线的方法，而这条路对绝大多数人是不适合的。年轻人如果投入太多的时间、金钱和精力在上面，很容易就沉迷在上面了，导致无心工作，甚至专心走股票投资这条路，结果就是浪费了时间、精力和金钱，个人事业也可能受到影响。

所以，年轻的时候投入的金钱和时间精力越少越好。最好的方式是年轻的时候进入股市，就走正道，做价值投资，业余时间研究股票投资技巧，将不必要的消费投入股市里，以工作和事业为主，投资为辅。随着投资经验和个人财富的慢慢积累，个人的投资能力有提升后可以慢慢地增加本金和精力的投入，这样是更为稳妥的行为，这才是真正的二八原则，也就是20岁的时候投入20%的个人资产在股市上面，80岁的时候可以投入80%的个人资产在股市上。

然后就是日常仓位保持多少比较合适，有些人说永远不能满仓，但做价值投资往往一直满仓，这个也是没有标准答案的，满仓和不满仓各有利弊：满仓资金不会浪费，但遇到极端行情或者说自己对于标的的判断不准确的时候，总是跟预期相反,那么就会非常痛苦和被动;不满仓,比如说半仓,遇到极端行情或者说判断错误的时候会主动得多,可以加仓,但如果说跟搞股票走势的预期一致的话,也会很痛苦。我们自己是一直满仓的,更偏向于通过品种配置来分摊风险,而不是仓位,不考虑系统性风险,优秀的股票是可以穿越牛熊的。但不管怎么样做价值投资的,你的仓位不能少于80%。

接下来就是均衡的问题,这个也是没有标准答案的,都说不要把鸡蛋放在同一个篮子里面,这样可以分摊风险,但问题就是把风险分散之后,你的收益也是分散的,所以仓位也不能太分散。基本上,在股市里要赚钱,还需要提高确定性重仓押注。我们是非常不建议持仓太分散的,比如说可能就几万元钱的资金,却买了十几二十几只股票,收益是上不去的。一般而言,100万市值以下建议持仓不超过三个,500万市值以下持仓建议不超过5个。持仓不要太分散,但行业可以分散一点,尽量不集中在一个行业上,比如所有股票都是消费行业的,或者都是金融行业的,以避免市场风格切换的时候集体受影响,一般而言,建议行业分布跟个股数量差不多。

但总的原则是确定性越高,投入的仓位和比例就越高,比如市场极度悲观,估值整体非常便宜的时候,投入输时间不输钱的情况下,就可以投入更多的资产在股市上。标的确定性越强的时候,就可以投入更多的仓位,如果在没有研究清楚或者对标的没有足够的底气的时候,仓位就可以小一点。

但要注意的是任何情况下都不建议孤注一掷地押注一只股票,无论它的确定性有多强。因为股市最确定的事情,就是市场永远是不确定的。孤注一掷很容易变成纯粹的赌博,最终亏损累累。

四、价值投资中的确定性和不确定性

价值投资的根本出发点是避免亏损，而要避免亏损就要提高赚钱的确定性，基本上可以这么说，价值投资者研究行业也好，研究公司也好，研究估值也好，都是为了提高赚钱的确定性，可以说确定性就是价值投资的核心要义。但投资中最确定性的东西就是一切都是不确定的，所以严格来说，投资中的确定性和不确定性问题本身是个伪命题，不同的投资人，由于认知不同，对同样的现象会得出不同的结论，而且在市场走出来之前，根本没有办法确定哪一个是对的。因此，如何处理投资中的确定性和不确定性就显得非常重要。

一般而言，市场往往都是有效的，风险和收益成正比，越是确定性的机会，回报越是平庸，越是不确定性的投资，潜在的收益和风险就越大。就像买货币基金每年只有几个点的收益，买股票则可能大赚，也可能大亏。这一点在风险投资中体现得更明显，越是早期的投资风险和回报越大，比如天使投资，失败的概率极大，但成功一个的话回报很可能就是几百倍、甚至几千倍。等到快上市时的投资，由于企业成功的确定性大大增强，同样的，回报也会大大降低。从这个角度而言，一笔好的投资应该包含确定性和不确定性，确定性决定了这笔投资的下限，而不确定性则提高了这笔投资的上限。

确定性和不确定性除了在收益上的区别之外，往往还是相伴相生的，确定性会孕育不确定性，同样的不确定性也会孕育确定性，两者相互转化、相互验证。比如2008年的三聚氰胺事件，对中国的乳制品行业造成了确定性的打击，个股和板块一片大跌，一片萧瑟，但也正是这种确定性的打击带来的大幅下跌，孕育了未来行业重新洗牌的机会，有些公司将受益于这个过程，而这种重新洗牌是具有不确定性的。持续跟踪这种不确定性，在后面你会发现乳制品的龙头受益于这个过程是一个确定性机会，比如伊利和蒙牛的股价，虽然在三聚氰胺事件中也大幅下跌，但由于三聚氰胺事件导致很多中小乳制品企业受到重创，对恢复得更快的行业龙头来说，在吃掉了这些小企业出清后的市场份额后，反而活得越来越好，对股票投资人来说也是一种确定性的机会。2012年白酒行业的塑化剂风波也是同样的道理，事件对行业是确定性的伤害，很多股票腰斩，但在这个过程中又诞生了很多不确定性的机会，最终2013年白酒行业的业绩出来后，塑化剂风波对这些上市公司反而是确定性的利好，因为白酒行业是一个非常分散的行业，能上市的都是行业里比较大的公司，塑化剂风波出来后大家反而更愿意去相信这些大品牌，于是它们的业绩反而更好了。所以，后面白酒行业又大涨了两年。

其实在熊市和牛市中，确定性和不确定性也是相伴相生、相互转化和相互验证的。在熊市中，市场一路下行，绝大多数个股都是跟着下跌的，而且谁也不确定，熊市什么时候会到底部，但正是在这种下行的过程中，优秀股票的估值越来越低，它的机会反而是变得越来越确定的，等到哪一天它开始跌无可跌，拒绝下跌的时候，不论是从基本面还是技术面来看，它就慢慢变成了一个确定性的机会了。

相反，牛市中很多股票都是在一路上行的，从趋势上看，它们似乎是机会，但是从基本面来看，它们的估值慢慢变得不合理，直到被严重高估，则它们的机会就慢慢变成了不确定性，哪一天趋势发生变化，它们很可能就迎来大幅下跌。投资者要做的就是在这种确定性和不确定性之间寻找平衡，只要解决了某方面的确定性,那么其他方面的不确定性就是可以接受的,那在价值投资中有哪些确定性是最重要的?

比如,公司所处的行业是一个非常不错的行业,市场空间足够大,持续在发展,而且行业的竞争格局已经很明朗了,公司又是行业中一个非常富有竞争力的公司,如果这个公司的股价也属于低估状态,那是最好不过的了,毫无疑问,这样的公司可以买,因为确定性比较大。或者说简单从市盈率来判断公司的股价有些高估,这笔投资有不确定性,其实也是可以考虑买,因为估值本来就是一个带有不确定性的事情,但只要行业好,公司也好,那么股价继续上行就是概率比较大的事情。

或者一个公司是公认的非常优秀,估值也已经很合理了,只是由于市场的系统性风险,导致技术面上不确定什么时候能企稳,那也可以考虑买,因为公司的价值是比较确定的,市场的不确定是可以接受的,最多就是输时间不输钱。

如果说一个行业是新兴行业,有些公司看起来竞争力还不错,但由于是新兴行业,还在砸钱阶段,估值也没法看,这样的公司反而要谨慎了。因为行业的初期竞争是非常激烈的,企业的失败率也是非常高的,这个时候去选股相当于押宝,有可能选中行业中最终成长出来的好公司,那收益自然是巨大的,但也有可能押错宝,公司在竞争中失败了,最终退市了,那亏损就巨大了。

2011年的团购业务就是一个典型的例子。那时候团购业务刚兴起,各种公司、各种资本加入了这个行业的"混战",竞争极其惨烈,最终只有美团"活"了下来。其实那个时候有一家叫作拉手网的公司跑得更快,甚至差点就上市了,可最终功亏一篑没有上市成功,也在和美团的竞争中失败了,最终退出了团购市场,那些风投都损失惨重。在竞争格局不明朗之前,企业的发展存在巨大的不确定性,其他的确定性就是细枝末节的事情了，这样的投资最好避免，而竞争格局明朗后，要公司是行业的龙头，它的不确定性反而没有那么重要了，可以考虑买。不要战而后求胜，而要胜而后求战。

价值投资中确定性是非常重要的，但是也不能因为一味地追求确定性，就排斥所有的不确定性，毕竟投资安全非常重要，同样的，投资的效率也很重要，而投资中的不确定性在很大程度上决定了投资的效率。

五、做价值投资，该如何面对投资效率的问题

投资中要不要考虑效率的问题，这是一个很有趣的问题。理论上当然要考虑效率的问题了，毕竟一年赚一倍和十年赚一倍差别是巨大的。但在实际操作中，这个问题大家都思考得比较少，尤其是做价值投资的人，但这其实又是很值得关注的一个问题。

做价值投资追求优秀的股票，也就是公司的基本面必须要好，但好公司和好股票其实并非是等同的，咱们一直说股票投资的目的是赚钱，所以，好股票严格来说应该是能让人比较安全地赚钱的股票。好股首先应该是好公司的股票，但好公司却不代表其股票就是好股票，好公司只是好股的必要条件，而非充分条件，抛开估值去谈个股好坏都是在"耍流氓"，因为这其中涉及时间成本。如果用很贵的价格去买到好公司，那么也不确定要经过多久，估值才能下来，才能最终赚钱，这中间的时间成本可能是巨大的，从交易的角度来讲是不可取的。

在笔者的投资哲学里，一个好的投资机会，必须同时满足好公司、合理的估值水平、不错的营收和扣非净利润增长、不错的ROE等条件，然后，最好还要有

不错的买点。抛开时间成本谈未来赔率及抛开估值谈未来概率，都是不行的。

所以，投资效率的问题是必须要考虑的。归根结底，对于做价值投资的人来说，投资效率就是买点的问题。做价值投资的人普遍对买点考虑得相对少，或者说是相对粗糙的，不会特意去追求特别好的买点，基本上只要个股的估值能接受就可以买。这么做没有对错之分，但有一个问题是，这都属于左侧的买入法，不确定什么时候股价才能起来。所以，如果要考虑投资效率的问题，买点的选择则可以参考使用技术投资的方法。

不过一定要说清楚：股市里没有绝对的好坏，追求效率的同时很可能会牺牲掉收益率。所以说，做价值投资的同时要考虑投资效率，也只是代表"价值事务所"团队的观点而已。

在"价值事务所"团队的实际投资操作中，为了追求投资效率一般会重点关注两个买点：一是优秀股票突破关键价位时，二是优秀股票遇到困境反转时。

优秀股票突破关键价位的买点主要有几点：一是股价创历史新高。股价能创下历史新高，除非是受突发的利好消息刺激，不然只能说明基本面没有问题，市场开始发现它的价值，然后资金源源不断地涌入。这其中尤其要重点关注那些调整了一波后再创历史新高的次新股。因为次新股往往都是刚上市后就被爆炒了一波，股价严重透支了未来的成长空间，它创下新高说明它的内在价值追上了股价的表现，很可能又是新一轮大涨的起点。

还有一个关键点位则是个股放量突破年线，然后缩量回调至年线附近的点位，这个点位判断方法属于技术投资中非常常用而且有效的方法。背后的原理是：年线属于股价的生死分界线，放量突破年线说明决定股价走势的力量已经失衡，开始"由死入生"，但因为第一次突破，有些套牢资金看到拉升了，割肉出局，但更多的资金看好后市，所以下跌的时候是缩量的。等到再一次回到年线附近的时候，资金再一次涌入，这个时候相当于确认了行情，市场开始注意到它，于是一波行情就起来了。

第二种常见的、比较有效率的买入方法是优秀股票遇到困境反转时的左侧买入法。当优秀的股票遇到困境的时候，往往都是估值和业绩双杀，也就是戴维斯双杀，甚至有可能杀逻辑，走势可能是非常惨烈的。有可能腰斩，甚至腰斩再腰斩。但如果能在个股不断的下行中发现企业基本面上已经发生反转，就可以在左侧买入，最终有机会迎来戴维斯双击。

而要分析企业是不是已经困境反转，就要分析清楚发生困境的原因，以及这个因素的影响有多巨大，是否已经解除了，这其中一定要特别注意，对于那些一蹶不振的公司就要避开得远远的。一般而言，业绩受行业整体影响的，业绩反转的会高很多，比如养猪企业，受猪的生长周期影响。

这两个买点方法有没有优劣之分呢？据笔者的实践结果，右侧突破买入方法的资金使用效率更高，但有时候会失效，因为它属于技术层面，使用的人多，就容易失效。而企业困境反转买入法，由于是左侧买入法，貌似资金使用效率不高，但把时间拉长一点，收益并不会差，甚至可以是超级收益的。

普遍来说，右侧突破关键点位的方法更常用，因为对于企业困境反转买入法来说，优秀企业遇到困境导致大跌的机会还是比较少，而且要分析企业是困境反转还是更加恶化，也并不容易，遇到了就要特别珍惜。

当然，投资中要不要追求投资效率，是仁者见仁、智者见智的事情，有些价值投资者更追求的是安全，对投资效率没有那么在乎，也不是不可以，只要按照自己的方法做，能赚钱就是好的方法，别人的方法都只能作为参考而已。

第六章

价值投资实战

学习了各种价值投资的基础知识，尤其是价值投资的分析框架后，如何将理论框架应用于具体的公司分析和实战中，就是最重要的事情了。本章用几个经典案例进行了分析示范，供大家学习参考。另外，大家在学习中要明白的一点是：初学公司分析，可以有各种条条框框，但真正精通后却没有，也不应该有那么多的条条框框，所谓重剑无锋，说的就是这个道理。

注意：以下所分析的公司，仅作为公司分析范例，供读者学习使用，并非投资建议。公司基本面跟写作时相比，可能已经有了较大的变化，想看最新的研究，请关注公众号"价值事务所"查看。

一、贵州茅台: 好行业好公司的代表

2017年, 全球智能手机出货量3.93亿台, 而2018年这个数字降到了3.6亿台, 意味着智能手机这个市场在2017年、2018年已经饱和, 能在线的人基本都在线了。

苹果作为开创智能手机时代的公司, 虽然数据比同行好看一点, 但手机出货量也基本停滞, 2018年它的手机出货量, 同比仅增长了约0.50%。

就是在这样糟糕的情况下, 苹果2018年营收为2 655.95亿美元, 同比增长15.86%, 净利润595.31亿美元, 同比增长23.12%。

为什么会出现这样的结果呢? 为什么在主要利润来源、手机出货量几乎停滞的情况下, 苹果的营收和净利润还能逆势增长?

大家应该也猜到了, 答案是热销的产品iPhone XS和iPhone XS Max比起往年大幅提价 (2018年iPhone的平均售价为793美元, 而2017年为618美元)。

平均售价涨了28%, 销量却没有下滑, 这是一个什么概念? 换句话来说就是, 某公司突然把旗下的产品提价三成, 结果用户一个都没跑, 该买多少还买多少。

这是一种怎样的用户黏性?

也许那个例子有些久了, 咱们再来看现在, iPhone 11, 128G当时的价格为5 999元, iPhone 12价格就变成了6 799元, 涨了800元。涨归涨, 该买却还是得买。

不同于亚马逊、特斯拉的上涨，全凭市场预期，苹果的市值上涨，是正儿八经有业绩支撑的，2018年市值突破一万亿；2020年，市值突破两万亿，单位全都是美元。

从某种程度上来说，苹果仿佛拥有"印钞权"，因为它的产品，即便提价，超出通货膨胀的提价，用户也依然会买单。

而在A股，其实有一家比苹果黏性还要强的"印钞机"，它就是——贵州茅台。

1.茅台的神话

笔者认为，一切去剖析茅台为什么稀缺、它的酿造工艺等行为，都是苍白无力且没有意义的，下图完全可以反映出茅台的超然地位。同样是高端酒，无论是五粮液，还是国窖，产量都比茅台少，出厂价差不多，指导价依然差不多，然而茅台到手价却是出厂价的近三倍，而五粮液和国窖到手价几乎等同于出厂价。

如果按"物以稀为贵"原则，茅台就不该比五粮液、国窖的高端酒贵；如果按"物以稀为贵"原则解释，茅台就不该是量价齐升的逻辑。

看看近些年茅台的产量一直在涨，销量也一直在涨，价格还一直在涨（见下图），就这样依旧供不应求，这是为什么呢？茅台真正稀缺的是什么呢？

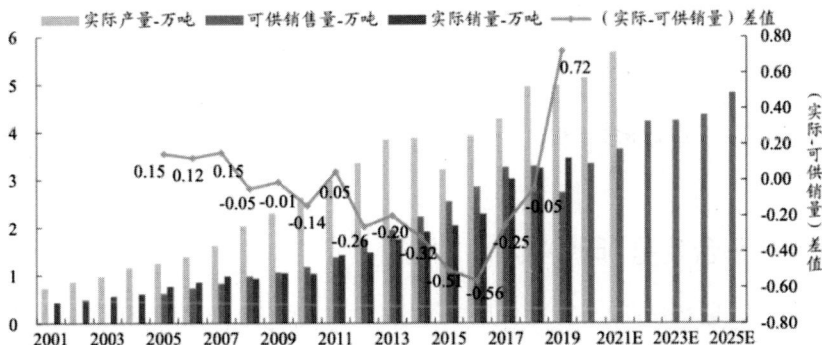

资料来源：Wind，信达证券研发中心

是故事。

一旦一种故事成为集体信念，甚至成为公共信念被固化和传承，内定到资产的价格里，要想打破它，几乎就不大可能了。

最典型的故事案例便要属钻石，说白了，它就是"压缩的碳"，不管信不信钻石值这么多钱，"钻石象征了坚贞的爱情"这个集体信念，也就没有人敢去挑战和打破了。

因此，世界需要钻石、需要茅台这样的故事。

在有白酒文化的中国，诞生的故事是茅台，在国外，诞生的故事就是某某庄园的红酒。

在茅台身上可以出现如下表般的奇迹，茅台出厂价20年涨了近5倍，而终端到手价更是涨了10倍还多，价差占出厂价的比例越来越高。

年份	2001	2003	2006	2007	2008	2010	2011	2012	2017	2019	2020
茅台出厂价（元）	218	268	308	358	438	499	619	819	969	969	969
茅台一批价（元）	260	320	400	500	650	1000	1600	2300	2000	2300	2800
出厂价与一批价价差（元）	42	52	92	142	212	501	981	1481	1031	1331	1831
价差占出厂价比例	19.27%	19.40%	29.87%	39.66%	48.40%	100.40%	158.48%	180.83%	106.40%	137.36%	188.96%
城镇居民人均可支配收入（元/月）	572	706	980	1149	1315	1565	1789	2011	3033	3530	
城镇家庭人均可支配收入（元/月）/一批价（元）	2.20	2.21	2.45	2.30	2.02	1.57	1.12	0.87	1.52	1.53	

资料来源：wind，国酒醇香等，国海证券研究所

即便茅台不提价，只要让价差缩小，让被渠道夺走的利润吐一点出来给公司，那茅台的利润就能多不少。

2.茅台就是"印钞机"

可以毫不夸张地说，茅台是中国超高端白酒的唯一品牌，也许有人要说，十几

年前，中国白酒一哥可是五粮液，风水轮流转，指不定哪天白酒一哥又转回去了。

不一样的是，五粮液是整个集团的营收为行业第一，并不是旗下某款酒是国内一哥，五粮液没有塑造出茅台"液体黄金"的故事。

我们看下表，不同年份出厂的茅台价格不同，年份越早、价格越高，五年前的茅台比五年后的价格贵了近23%，比它当年的卖价更是贵了近一倍。也就是说，假设你把茅台酒当作投资品，五年一倍，已经比绝大多数基金经理要牛了。

飞天茅台不同年份出厂的酒的对应价格（价格截至 2020 年 12 月 03 日）

出厂年份	2015 年	2016 年	2017 年	2018 年	2019 年	2020 年
价格（元/瓶）	3,839	3,639	3,459	3,329	3,129	3,059

来源：天猫会员店，华福证券研究所（备注：价格随活动变化而变化，仅参考价格趋势）

从某种程度上来说，茅台厂就是"印钞机"，而且印的是可以不断增值的"钞票"。

3.写在最后

在你的一生中能找到这样优质股的机会不会太多，你应该从你已有的发现中实现收益的最大化。而茅台毫无疑问就是一家仿佛拥有"印钞权"的公司，而且可以毫不夸张地说，这样的公司全世界都找不出第二个。

注意：文章所分析的公司，仅作为公司分析范例，供读者学习使用，并非投资建议。公司基本面跟写作时相比，可能已经有了比较大的变化，想看最新的研究，请关注公众号"价值事务所"查看。

二、小熊电器：从生活中发现牛股

家电虽然看起来含金量很低，一点都没有高大上的感觉，但却是一个很容易出大牛股的赛道，尤其是白色家电，美的、格力就不用说了，还有之前的海尔、老板电器、九阳股份，现在依然很优秀的苏泊尔，所以今天我们给大家介绍一个家电次新股——小熊电器，名字听起来有点熊熊的，未来有没有可能也是一个大牛股？

1.公司介绍

对于小熊电器，笔者对它还是有点儿感情的，因为在2012—2013年，和公司的一个同事考虑出来创业，筹谋项目的时候，同事提议申请小熊电器的代理权，业务是小熊电器的网上销售，理由是买过它家的煮蛋器和酸奶机，又好看、又好用，而当时它家的名气还不大，有机会跟着它成长。

去研究了一番它家的产品，确实不错，无论是颜值还是功能都可以，不过后面这个事情没有做成，因为没有找到代理渠道，而且当时也没什么资源，但后面对它家的印象还不错。没想到几年过去了，小熊电器都上市了，感觉损失了……

从名字大家都可以看到小熊电器就是做家电的，不过跟美的、格力等主要做大家电的不同，小熊做的是小家电，包括厨房小家电、生活小家电及其他小家电，具体产品有酸奶机、打蛋器、电热饭盒、加湿器、多士炉、蒸蛋器等。

2.小家电是不是一个好赛道

美的、格力作为A股的超级白马股，涨了几百倍、几千倍，除了自身争气，也是得益于白色家电国产化，以及家庭大量的白色大家电配置需求的时代红利。小家电能享受到这样的时代红利吗？

3.小家电的品种

小家电按照应用方向可以分为厨房小家电、生活小家电和其他小家电，其中厨房小家电又根据功能可进一步划分为锅煲类、壶类、电热类、西式类和电动类。

具体产品有酸奶机、煮蛋器、加湿器、豆芽机、电炖盅、电热饭盒、料理机、电蒸锅、煎蛋器、打蛋器、榨汁机、绞肉机、和面机、面包机、电烤箱、多士炉、养生壶、煎药壶等。

种类很多，总有一款是你需要的。小家电的发展潜力如何？

闭眼回忆一下，你家里都有什么电器？

空调、冰箱、洗衣机、电饭煲、电热水壶对绝大多数家庭来说，应该都是标配，然后应该还有电磁炉、加湿器之类的，有些做饭比较多的可能会有榨汁机、绞肉机、电烤箱之类的，剩余的应该就比较少了。

当然了，每个人、每个家庭的具体情况不同，家电的配置也不同，大家可以大致地根据自家及亲戚、朋友等拥有的家电状况评估一下小家电的覆盖率，应该可以发现目前小家电在家庭的覆盖上是比较低的，事实上根据相关市场研究机构的调查统计，有如下结论：

目前，中国家庭小家电保有量每户10种以下，远不及欧美、日韩等国家每户30种的保有量水平，而且中国家庭的小家电以厨房小家电为主，厨房小家电市场规模占整体小家电市场近80%，小家电市场依然有广阔的天地。

另外，根据发达国家的市场经验，人均GDP突破3 000美元后，小家电的消费将出现快速增长，我国人均GDP早在2008年便步入了这一阶段，2017年人均GDP更是达到了8 836美元，小家电市场有望进入一个快速增长的阶段。也就是说，小家电正处于一个正在快速发展的大市场里。

4.商业模式

家电行业是一个商业模式非常简单清楚的行业：向上游购买原材料，包括塑料、五金制品、电机、电子电器等，然后组装生产，最后通过线上和线下销售渠道出售给消费者。

上游的原材料行业都是充分竞争的，替代性非常强，并不存在对某种原材料高度依赖的情况，所以，即使上游有价格波动，也不会对小家电企业产生太大的影响。

下游主要是各大销售渠道和终端消费者，这个影响就巨大了，销售渠道的变化，会对家电企业的销售和成本产生巨大的影响，从而影响公司的营收和利润，是必须要特别关注的。

5.行业竞争情况

小家电行业技术门槛很低，属于充分竞争的行业，加上现在行业快速发展，行业竞争将会继续加剧，而且随着传统家电巨头，如格力、美的、海尔等对小家电业务的持续重视，没有竞争优势的小家电厂商将会被逐步淘汰，行业集中度将逐步提高。

6.行业研究的关键点

小家电是一个充分竞争的行业，行业的关键在于企业的产品力、品牌力、成本控制能力，以及渠道建设和把控能力等。

成本控制能力，包括上下游的议价能力，上游主要看规模，下游渠道主要看品牌力和销量等。

渠道分线上和线下，传统的线下渠道拥有比较高的门槛，包括销售队伍的建设，经销商的管理，渠道的入驻等，而线上的渠道主要是各大电商平台及日益兴起的网红带货模式，门槛则比较低，竞争的关键在于产品力和品牌力及企业营销策划能力、运营能力等。

小熊电器主要走线上渠道，超过90%的销售量来自线上，所以品牌力、产品力、公司的营销策划、运营能力就特别关键。

总的来说，小家电市场的空间足够大，就看企业的竞争力如何了。

7.是不是一个好公司

小熊电器成立于2006年，十几年来了一直专注于创意小家电的研发和生产，是国内比较早进入创意小家电市场的公司。研发设计方面，公司建立了较为完备的研发体系，对外销售的型号超过400款，产品也多次得过业内的工业设计奖。

从网上的一些用户反馈来看，大家对公司产品的颜值和功能的反馈普遍都很正面，公司的产品力还是相当不错的。

渠道方面，公司以线上渠道为主、线下渠道为辅，目前已经入驻了天猫、京东、拼多多、唯品会和苏宁易购等主流电商平台，而且在各大平台的表现都不错。2017年、2018年公司旗下多个品类在天猫商城都处于月销排行榜的第一名。

产品名称	2017 年度	2018 年度
电热饭盒	全年各月均排名第一	全年各月均排名第一
酸奶机	全年各月均排名第一	全年各月均排名第一
煮蛋器/蒸蛋器	全年各月均排名第一	全年各月均排名第一
多士炉	全年各月均排名第一	全年各月均排名第一
电动打蛋器	全年各月均排名第一	全年各月均排名第一
加湿器	全年各月均排名第一	1~3月排名第一、4月排名第二、5~6月排名第一、7~8月排名第二、9~11月排名第一、12月排名第二
电炖/煮粥锅	1~7月排名第二、8月排名第一、9~12月排名第二	1月排名第二、2~12月排名第一
养生/煎药壶	1~10月排名第一、11月排名第二、12月排名第一	全年各月均排名第一
绞肉/碎肉机	1~2月排名第三、3~6月排名第二、7~12月排名第一	1~7月排名第一、8月排名第二、9~12月排名第一

(注: 来自公司招股说明书)

目前公司的竞争对手有美的、格力、海尔、天际、九阳、苏泊尔、新宝等, 从各自的天猫旗舰店的粉丝数和月销量来看, 小熊也是最多的。

总的看来, 目前小熊电器在创意家电方面还是有不错的竞争力的。

上面咱们也分析了, 线上渠道对企业的运营和营销策划能力要求非常高, 无论是从官网、各大电商店铺的设计、运营来看, 小熊电器都是做得比较不错的, 更符合年轻人的审美习惯, 见下图。

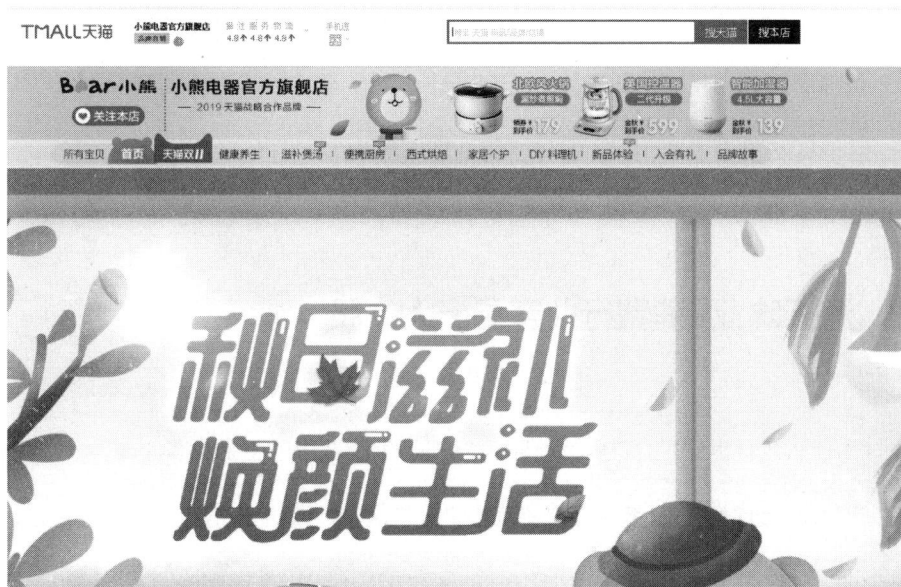

另外，在社交媒体平台的运营方面，小熊电器也都是处于前列的，不过公众号小熊好像没有用心做，在网络带货方面目前尝试也比较少，应该继续关注公司后续在这方面的尝试。

总的来说，小熊电器在创意小家电领域的竞争力还是比较不错的，产品力和品牌力都不错，公司在线上渠道的运营能力也都不错。在电商行业继续高速发展的大背景之下，公司有望凭借自己较强的线上渠道运营能力，成为创意小家电行业重要的玩家，值得持续关注。

不过随着网络经济的逐步崛起、微商模式的逐步崛起，公司后面会如何布局是值得关注的，目前新宝股份旗下摩飞品牌在这方面就做得非常好，毕竟行业竞争激烈，不进则退。

8.是不是一个好价格

截至2019年三季报，公司实现营收17.2亿元，同比增长30.6%；实现归母净利润1.7亿元,同比增长40.5%。

后面两年分别以25%、18%的增速增长,则截至2021年,公司利润为3.69亿元,给予其25倍市盈率,则2021年公司合理市值为92.25亿元。

三、海天味业: 消费行业容易出大牛股

为什么在全世界范围内,消费和医疗都是牛股辈出的行业?

因为衣食住行是人类生存必不可少的,在这些行业中必然会产生一批长期优秀企业。比如海天味业,独占中国15%的酱油市场份额,上市5年大幅上涨7倍,超级牛股。今天咱们就来仔细剖析它究竟牛在哪里? 未来还有多少机会?

1.一些感悟

曾经和一些资金量比较大的投资者深入交流过,发现他们的思维模式和小散户有非常大的差别。

相比对收益率的关注,他们更看重资产收益的确定性和流动性。这种思维对散户做股票投资有什么启发呢?

很多时候我们会觉得: 茅台、海天、恒瑞怎么可以这样贵? 30倍PE的茅台,还能有什么增长空间? 于是我们一直等它们回调,然后越等越高。

但那些资金量比较大的投资者的想法却是: 只要确认公司的业务依然有不错的增长,即使当前估值高一点也可以接受,他们追求的是长期资产的保值,反而享受这些标的的不断走高带来的收益。

下图是海天味业2015年以来的市盈率,可以发现,它几乎就没有便宜过。2014年上市后,除了上市后那两年在30倍以下,之后但凡能买到30倍PE的海天都算你赚到了。

但是对于动辄上百亿元的大资金来说,海天味业这样的公司却是他们的最爱。即使PE到了30倍以上又如何?对于他们来说,只要资金能跑赢通胀就可以了,尤其是这两年大量外资进入A股,选择的几乎都是一线大蓝筹。

市值千亿元以上,生意简单、稳定、可持续的公司一直都是大资金的最爱,比如中国平安、贵州茅台、恒瑞医药、伊利股份、海天味业等。

2.一段历史

海天调味源于乾隆年间的佛山酱园,1955年佛山25家古酱园合并重组,"海天酱油厂"正式落地。

1982年,庞康加入海天酱油,任佛山市珠江酱油厂副厂长一职,这一干就是六年,把一个小厂做成了被官方认可的"国家二级企业"知名大厂。

1992年,市场经济体制改革开启,海天积极响应国家号召,于1994年底重组为有限责任公司,自此海天正式成为一家全员持股的公司。

改制后，海天家底刚刚有些殷实，庞康就豪掷3 000万元引进一条国外生产线，在旁人还来不及适应政策的状态下，海天便加速驶上了工业化生产的快车道。

十几年间，庞康带领海天持续发力，在扩展多元化业务的同时，一如既往地重视酱油与蚝油的生产，避免力量过度分散的情况发生。这也是后来庞康敢说出300年来，这家老字号始终坚守调味酱料主业的底气所在。

这样固守阵地难免引来管理层非议，不少人说庞康不敢大步向前、啃老本，庞康却坚持认为海天的市占率还不够高，整个行业的产业集中度还很低（当时全国正规酱油市场的规模约为700万吨，海天的市占率约为10.5%）。

为了实现规模化，庞康划分出一支含1 500家经销商、5 000家分销商的中层网络队伍，并培训了1 000人作为"特种兵"，分派到经销商与分销商中，或监督或领导，大幅度避免了市场乱价、"诸侯"分裂的情况。同时，还将销售目标细化到每个月，这使得整个渠道网络时刻处于激活状态。而每2~3年，庞康还会提一次终端价格，给经销商留足利润。

到2011年底，海天营销网络已全面覆盖31个省级行政区域，超300个地级市，近1 000个县级市，330 000个终端营销网点。

2014年1月，海天味业登陆A股上市，一上市就自带白马光环，股价一路高歌猛进，短短五年涨了近7倍，见下图。

3.财务分析

首先看分红融资比,547.24%,这才上市五年,太优秀了,见下图。

					单位:元
应收票据及应收账款	244.46万	246.66万	-	-	-
其中:应收票据	-	-	-	-	-
预付款项	1720.14万	1836.64万	1699.79万	727.95万	2188.25万

拉出海天五年的应收账款,都近乎为0,预付款也都徘徊在一千万元级别,对比公司百亿元级别的营收,简直是毛毛雨,和茅台一样,教科书级别的优秀,见下图。

					单位:元
预收款项	32.37亿	26.79亿	18.09亿	11.19亿	20.22亿

五年来的预收一直都很高,这个指标一直被认为是最幸福的负债指标,说明海天的产品太好,供不应求,经销商只能排队拿着钱先预约才能拿到货。2018年年报显示32.37亿元的预收款较2017年更是大幅增长,先为2019年的营收开了个好头,见下图。

资产负债率	31.06%	27.99%	25.62%	23.89%	31.93%

资产负债率常年维持在30%左右,我们团队一直认为,30%的资产负债率是最健康的,进可攻、退可守,而2018年全年负债62亿元,其中32.37亿元都是预收账款,杠杆几乎全都加给了渠道。

而95亿元的现金,50亿元的理财,公司的财务费用为-1.5亿元,见下图。

营业收入	170.34亿	145.84亿	124.59亿	112.94亿	98.17亿
营业收入同比增长	16.80%	17.06%	10.31%	15.05%	16.85%
净利润	43.65亿	35.31亿	28.43亿	25.10亿	20.90亿
净利润同比增长	23.60%	24.21%	13.29%	20.06%	30.12%
扣非净利润	41.24亿	33.84亿	27.68亿	24.39亿	20.08亿
扣非净利润同比增长	21.88%	22.24%	13.47%	21.49%	29.86%
销售毛利率	46.47%	45.69%	43.95%	41.94%	40.41%
销售净利率	25.63%	24.21%	22.82%	22.22%	21.29%

从海天五年的营收、净利可以看出，海天的增长保持得相当稳定，稳中有升，主要是通过改善公司运作效率的方式，因此销售毛利率、净利率都是在逐步提高。

4.海天的优势与未来展望

（1）管理层踏实可靠

由于海天是一个全员持股的公司，管理层几乎都是从基层一步步干上来的，大部分是车间主任、质检员、财务科长出身，实战经验十分丰富，避免了"外行领导内行"的尴尬，且高管合计持股14.95%，这些一心为公司着想的踏实肯干的管理层，是海天最大的财富。

海天的管理层格局很大，作为行业龙头起到了很好的示范作用，没有盲目打价格战，不断地跟同行互相学习进步，共同把市场做大。反观啤酒市场就是一个负面的典型，哪家公司都得不到发展。

我们可以看到，管理层可靠的国企，几乎都是经过股份制改革的，洋河的股份制改革，使员工持股20%，催生出了白酒行业最优秀的销售团队；海天全员持股，诞生了最踏实肯干的酱油龙头；而这次格力国资委放手15%的股权，后续效果我们可以一起观察。

（2）智能制造的海天味业

海天很早就向智能制造方向转型了，营收170亿元，市值超2 500亿元的公司，仅有5 122名员工，生产人员不足2 000人。一条生产线上，不过四五个工人作业，智能制造使得海天可以快速高效地规模化生产，极大地提高了公司的竞争层次，也为公司未来发展奠定了坚实的基础。

（3）行业独一无二的龙头地位

2017年国内酱油收入CR5=28.22%，海天目前主营业务酱油市占率超过15%

（见下图），是调味品行业唯一一家全国性品牌，2018年营收170亿元，相当于第2～5名的总和，这也决定了海天具有更强的定价能力，也不需要投入更多的费用去打价格战。

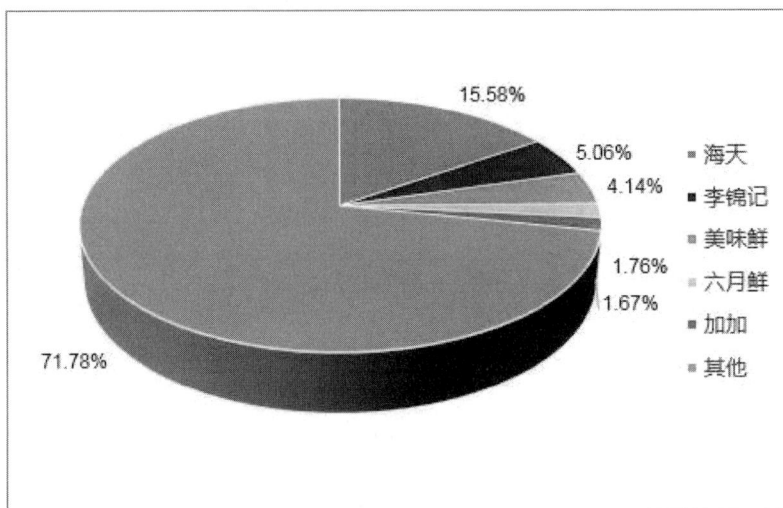

（4）酱油行业的抗周期与确定性

经济好时调味品行业很好，经济不好时调味品行业也不会差，很少有人在经济差时会考虑在酱油上减少开支，因此，行业能够维持每年10%左右的增长。

（5）筹码高度集中

海天味业前十大股东持股比例83%，真实的流通股只有16%左右，1亿多元就能把海天拉涨停，这也导致了海天估值一直没有办法下降，每次大跌就有长线资金买入。

（6）不断丰富的产品

海天目前除了酱油、调味酱、蚝油这"老三件"外，还增加了食醋、鸡精、味精、油类、小调味品等八大系列200多个规格和品种。

5.海天的未来展望

我们团队一致认为，未来海天的增长逻辑可以分为两个阶段，一是继续提高市占率，争夺小企业市场份额。与我国饮食习惯相近的日本，酱油龙头龟甲万的市占率在33%左右，海天目前为15.6%，还有不少的增长空间。

第二阶段是不断多元化产品线，积极扩展海外市场。我国的饮食文化，在全球是独一无二的。因此，具有特色的调味品，抓住全球人民的胃是可期的。

四、迈瑞医疗: 医疗器械行业要用心挖掘

在写迈瑞医疗之前，我们先说一下，虽然知道医疗器械是个好赛道，但是一直都没有想过要去分析研究这家企业。但是近期，越来越多的粉丝提到迈瑞，加上医疗器械是个好赛道，我们决定还是好好琢磨一下。

1.迈瑞发展简史

其实迈瑞的发展很有意思，他的创始人李西延和徐航都是医疗器械科班出身，后来拉上生物医学工程专业的成明和，一起上演了一出医疗器械界的"中国合伙人"。

最开始，他们选择的是做医疗器械的代理，但仅仅做代理发展空间有限，因此，在一边做代理赚钱的同时，他们想办法自主研发。

但即使在今天，国产品牌距离进口品牌的差距都不小，更何况是迈瑞创业的20世纪90年代，那时候国内自主研发的产品，几乎是没人买账的。为了能将自主研发的产品推向市场，迈瑞决定走低价路线，从乡镇小医院入手，没多久，迈瑞就走出了一条自己的路。

纵观历史，几乎各行各业的成长都要经历模仿、超越、创新这三个步骤，首先学习国外的先进产品，仿制出能满足客户需求，性价比更高的低端产品；其次达到和国外产品效果一致，但由于成本优势更便宜的产品（如国内通过一致性评价的仿制药），替代进口产品，占据市场份额；最后通过自身技术优势持续创新，做到领先（如我国做到世界领先的格力空调）。

目前迈瑞就处于第二阶段，不仅仅是迈瑞，日后我国的医疗器械板块增长逻辑就是自产替代原研。而迈瑞产品自身性能确实过硬，目前其产品远销全球190多个国家和地区，进入大量全球顶尖医院与研究机构的核心科室。

2.行业及公司介绍

2017年，全球医疗器械市场规模为4 030亿美元，较上年增长4.13%，其中前三大的细分赛道分别是：IVD（体外诊断）、心血管类、影像类，全球份额分别是526亿、470亿、395亿美元，2012—2018年全球医疗器械行业市场规模及增长走势见下图。

2012 — 2018年全球医疗器械行业市场规模及增长走势

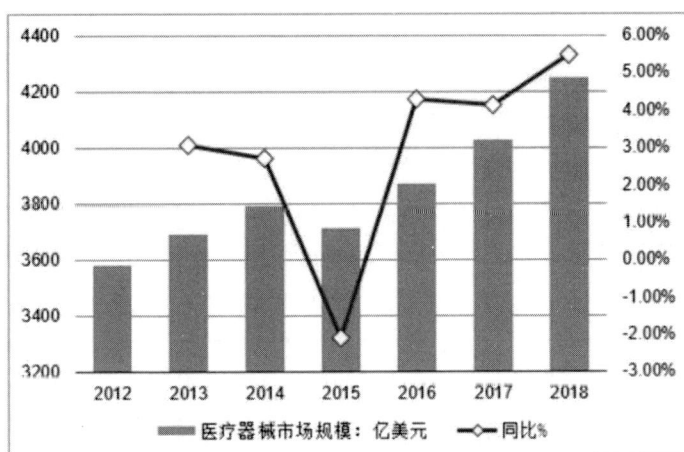

医疗器械市场规模：亿美元　　同比%

而迈瑞的主要产品线有三个, 分别是生命信息与支持、体外诊断(IVD)和影像。

	业务名称	营业收入(元)	收入比例	营业成本(元)	成本比例	利润比例	毛利率
按行业	医疗器械行业	137.10亿	100.00%	45.83亿	100.00%	100.00%	66.57%
按产品	生命信息与支持类产品	52.24亿	38.10%	17.91亿	39.09%	37.61%	65.71%
	体外诊断类产品	46.26亿	33.74%	16.60亿	36.22%	32.49%	64.12%
	医学影像类产品	35.97亿	26.24%	10.43亿	22.76%	27.98%	71.00%
	其他类产品	2.63亿	1.92%	8867.88万	1.93%	1.92%	66.35%

其中, 生命支持类产品主要为监护仪, 这块业务是2008年收购Datascope(目前为全球主要监护设备提供商)来的, 为我国市占率绝对的老大, 2017年这项业务迈瑞占据国内市场65%的份额。

IVD主要是血液分析和生物化学类产品, 其中血液分析仪器是每个医院必备的, 血常规就是用这种仪器做, 但目前该项目主要还是以进口仪器为主, 毕竟大医院还是喜欢用进口设备, 国产替代进口的路还很长, 迈瑞的路更长; 生化诊断器械主要用于血糖、血脂、胆固醇、肝功能、肾功能等基础检查项目, 依旧进口器械居多。

影像方面, 目前我国市场低端产品已经全部国产化, 但是高端如彩超基本上还是以进口为主, 但值得一提的是, 迈瑞是唯一一个进入了高端彩超市场的国内企业。

其主要产品线如下表所示。

产 品 线	主要产品	设计使用寿命
生命信息与支持	监护仪	10 年
	除颤仪	10 年
	麻醉机	10 年
	灯床塔	10 年
体外诊断	体外诊断分析仪	5～10 年
	体外诊断试剂 (有效期)	90 天～2 年
医学影像	彩超产品	10 年

总之，目前公司的主营业务中，迈瑞有处于国产替代进口绝对龙头的产品，也有国产绝对龙头但还没能成功替代进口的产品，未来迈瑞大部分增长逻辑就是国产替代进口。

我们可以看到，迈瑞的生意是很赚钱的，每一个细分板块毛利都在60%以上，整体毛利在2018年达到66.57%。医疗器械除了卖设备一次性收入之外，还会有售后服务，再兼顾卖试剂，一般来说，你买了谁家的仪器，也就顺带买了谁家的试剂。比如，迈瑞家的IVD业务，每年卖这种消耗品（试剂等）销售额占了整个业务的一半。因此，从这个角度来看，医疗器械是一门比药品还要好的生意。

3.财务分析

公司上市一年，分红融资比为21.14%，表现优秀。

迈瑞之前的资产负债率一直非常高，都在50%～60%，2018年突然降低至29.82%，2018年之前还有十几亿元的短期借款，到2018年全都没有了，负债里面大头为9.4亿元的应付及10亿元的预收，且2017年货币资金还只有52.7亿元，2018年突然陡增至115.44亿元。

有一种感觉就是迈瑞之前杠杆较重，2018年的财务表现就像换了一家公司，2018年发生了什么？当然是上市。迈瑞医疗于2015年从美股私有化退市，2018年登陆A股创业板，上市募集了大笔资金，还完债还有一堆钱，于是账上突然多了一笔巨额现金。

迈瑞的业绩十分好，营收、净利润几乎是两条平行线，而且增势喜人，如下图所示。

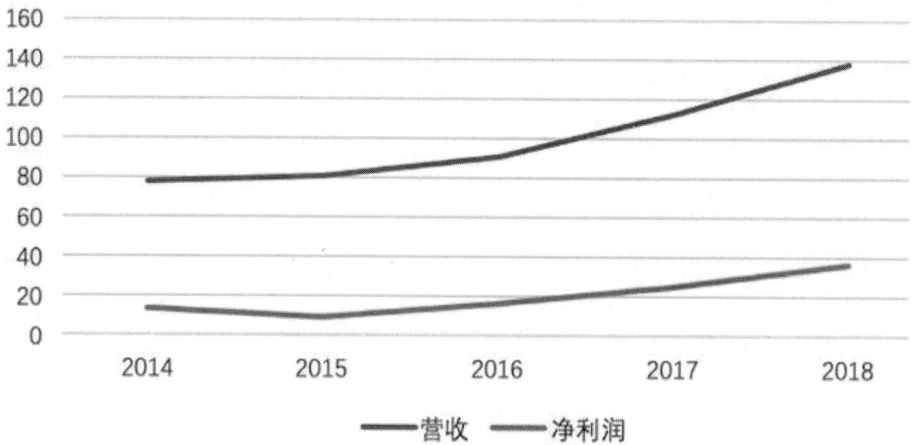

毛利稳中有升，净利率增势喜人，如下图所示。

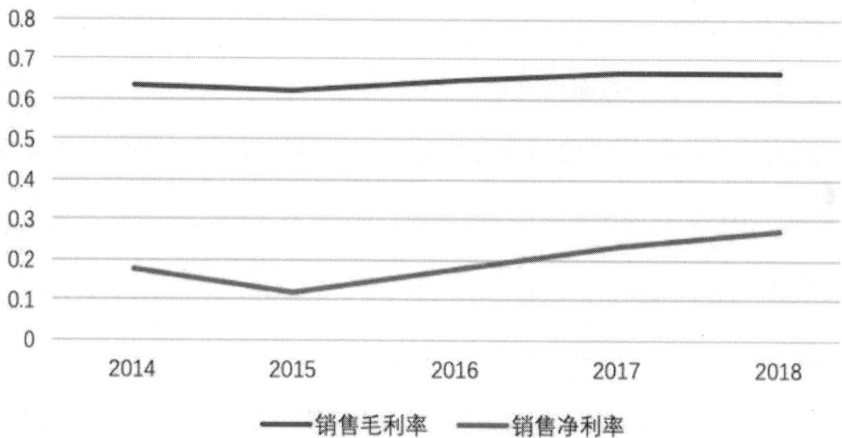

那么问题来了，为什么迈瑞的净利率涨得这么猛呢？

仔细一看，迈瑞三费上涨的速度，远跟不上营收上涨的速度，且管理费用自2017年起便呈断崖式下跌，2016年还是17.83亿元，2017、2018年就只在6亿～7亿元徘徊。说明公司在不断想办法压缩成本，单位销售费用的投入带来的回报越发高，见下表。

	2018 年	2017 年	2016 年
研发人员数量（人）	2,258	1,764	1,674
研发人员数量占比	24.45%	21.20%	21.88%
研发投入金额（元）	1,420,133,975.00	1,131,571,926.00	1,089,327,793.00
研发投入占营业收入比例	10.33%	10.13%	12.06%
研发支出资本化的金额（元）	152,974,954.00	113,459,820.00	99,661,521.00
资本化研发支出占研发投入的比例	10.77%	10.03%	9.15%
资本化研发支出占当期净利润的比重	4.11%	4.36%	6.18%

迈瑞的研发投入一直很高，2018年投入14.2亿元，且值得一提的是，资本化仅占10.77%，而在2016年以前，迈瑞的研发投入全部费用化，自2016年开始引入PLM系统，有一部分费用进行了资本化，占比还是相当小的（但这个比例是在提升的，日后需要仔细跟踪）。

不过，迈瑞的研发在同行业中已经堪称优秀了（医药行业一般资本化都在20%～30%）。

如果我们仅说迈瑞的好，大家会说太片面了，迈瑞的疑云也是很多的，首先从迈瑞营收角度看，可谓全球化的实力选手，但是它的海外业务其实一直在亏损的（由于2018年的年报没有披露2018年的数据，所以我们取2016、2017年的数据）。可见，它的海外业务也没有像它说的那么好，如下图、表所示。

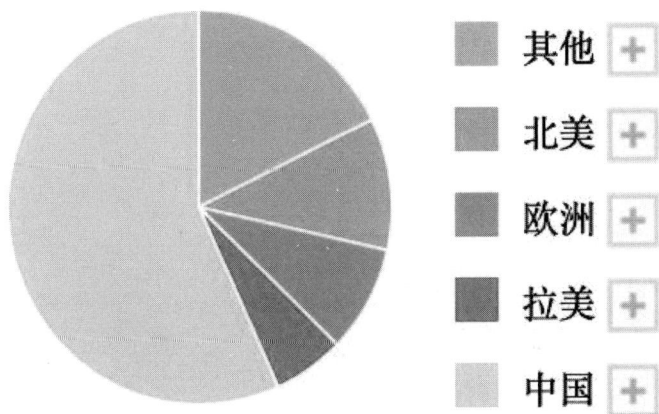

年　度	国内收入	国内盈利	国内净利润	国外收入	国外盈利
2016	45.18亿元	19.13亿元	42.34%	45.15亿元	−3.01亿元
2017	60.32亿元	29.07亿元	48.19%	51.42亿元	−3.06亿元

其次，迈瑞2021年会迎来大额解禁，而迈瑞的股价自上市起就一路高歌猛进，按照迈瑞惯常的做法，这个解禁怕是会对应巨额减持，谁来买这个单？这些解禁股票可是占总股本近60%，如下图所示。

2021-10-18

解禁7.17亿股(预计值)，占总股本
58.94%

总结：

迈瑞的业绩很好，赛道也棒，但目前二级市场的价格是真心很贵了，上市之后一年内涨了4倍，见下图。大家觉得，会接着涨下去吗？

五、杭叉集团：从社会热点发现投资机会

1.大有用途的叉车

叉车的用途是非常广泛的，用来搬运东西特别方便，而很多行业都需要搬运东西，所以它的下游应用方向是非常广的。

据研究，我国叉车应用领域占比如下图所示。

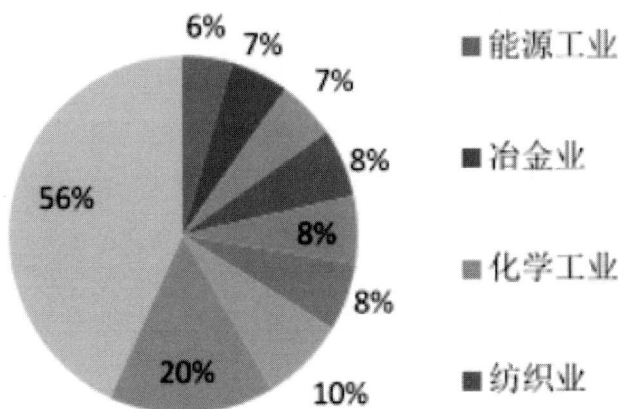

也正是因为这一点，虽然叉车也属于工程机械类行业，但它呈现出来的周期属性并不明显。

我们都知道工程机械类行业大多数都跟建筑施工、房地产、基础设施建设相关，总之，就是跟基建行业密切相关，行业的繁荣程度取决于中国的城市化进程及基建情况。所以，这个行业的周期性会非常明显，最明显的就是挖掘机、大卡车之类的。

而经过四十多年改革开放的大发展，截至2019年末中国的城市化率已经达到60.6%，要知道发达国家的城市化率普遍也就在80%多，未来中国的城市化增

量会明显减少。再加上经过几十年的基础建设，各方面的基础建设已经初步完善，后面也很难像之前那样搞基建了。

因此，跟基建明显相关的工程机械行业的成长空间会比较有限，新增设备会比较少，设备的销量更多的是取决于存量的报废。

而叉车行业得益于叉车专门用于搬运的特性，它在第一产业、第二产业、第三产业的几乎所有重要行业中都有所应用，所以叉车行业的发展，不是和基建行业同步的，反而呈现出与经济增速同步增长的状况。

2.大有前途的叉车

正是因为叉车用途多，下游覆盖的行业广，因此，叉车行业是工程机械板块中最具有弹性的，不用像其他工程机械企业一样，完全依赖于基建这个单一产业的兴衰。

一方面，随着电商的发展，物流行业继续繁荣，对叉车的需求依然旺盛；

另一方面，随着中国经济的产业升级、人工费用的快速上升，如何降低人工成本，降低企业生产成本，提升效率，就成了企业主们必须要思考的事情。

除了把生产基地搬去人力成本更低的国家和地区，机器人就是一个很好的替代方法，尤其是搬运这种没有很精细的工作，可替代性非常强。因此，在中国的产业升级过程中，叉车行业的发展空间依然是有基本保障的。

正是因为这一点，过去几年虽然GDP增速下滑，但是叉车销量仍一路增长，由2015年的31万台增至2017年的50万台，年复合增速超过30%，并且2018年上半年叉车销量增速达到26%，依然高速增长。

更不要说随着叉车的智能化，它的应用场景将不断拓展，成长性也是值得期待的。

同时，随着国内叉车企业竞争力的增强，依靠中国相对低廉的生产成本，国内叉车企业有望慢慢抢夺国际市场的份额。

总的来说，叉车行业的发展空间依然很大，相关企业的成长性依然有想象空间，核心还是看企业自身的竞争力。

3.杭叉集团是不是个好公司

杭叉集团成立于2000年，主营业务为叉车等工业车辆的研发、生产和销售，主要产品包括内燃叉车、电动叉车及其他工业车辆。2003年完成国企改制后，公司从一个三流选手做到了行业第二，从年销售额只有几千台叉车机的公司增长至10万台。

目前，杭叉集团在叉车行业位居全球第八，中国第二，仅次于国内的安徽合力，虽然在总规模上比安徽合力小一点，但其经营各方面的数据都比安徽合力要更好。

其他的不说，单说两家公司在营收规模差不多的情况下（2018年杭叉营收84亿元，安徽合力营收96亿元），杭叉集团的人工总数不到4 000，而安徽合力却7 500多，双方的经营效率差别可见一斑。

从存货周转率、总资产周转率等财务数据来看，也可以明显看到杭叉集团是更优秀的，如下图所示。

营运能力指标(杭叉集团)	2021-03-31	2020-12-31	2020-09-30	2020-06-30
应收账款周转率	3.42	15.78	9.99	6.78
存货周转率	2.04	8.26	6.33	4.03
流动资产周转率	0.58	2.80	1.98	1.33
固定资产周转率	2.46	8.72	6.61	4.15
总资产周转率	0.37	1.59	1.14	0.75

营运能力指标(安徽合力)	2021-03-31	2020-12-31	2020-09-30	2020-06-30
应收账款周转率	3.06	13.79	9.02	5.51
存货周转率	1.77	8.14	6.01	3.69
流动资产周转率	0.49	2.06	1.47	0.92
固定资产周转率	1.98	7.62	5.54	3.31
总资产周转率	0.35	1.45	1.04	0.64

目前两者为中国叉车双龙头,安徽合力规模相对更大一些,但从企业的经营效率来看,杭叉集团超过安徽合力,跃居国内第一是大概率事件,而且用不了太久。

这也可以说是国有控股和民营资本控股在企业经营效率上的差别。安徽合力是国有控股,杭叉集团则是国企改制后民营资本控股。

其实,像杭叉集团这样的国企改制民营企业往往是最好的,一方面,多多少少有国资的背景;另一方面,又是民营资本控股,经营更市场化、更灵活、更具有竞争力。

之所以杭叉集团拥有如此高的竞争力,跟它的股权激励也有很大的关系。

杭叉集团下属控股子公司有70多家,包括制造子公司和当地销售子公司等,但不管是什么类型的子公司,控股比例基本都在60%左右。小股东几乎都是杭叉集团的员工,把公司员工都变成股东,员工的积极性就不用担心了,不得不说杭叉集团的经营理念非常先进。

4.商业模式分析

叉车行业虽然有一定的技术含量,但技术含量也并没有太高,产品形态比较固定,不需要经常升级换代,所以,市占率和规模就非常重要。

规模越大,则上下游的议价能力越强,由于叉车的原材料成本占据整体成本的90%,议价能力的强弱会极大地影响叉车的利润率。而目前全球的叉车行业是一个集中度比较高的行业，前十大叉车企业占市场份额的76%，中国的两个叉车龙头企业杭叉集团和安徽合力占了近50%。

这样的竞争格局几乎决定了其他的小叉车企业很难有什么竞争力，而且如果原材料涨价的话，这些小叉车企业会"死"得更快，像杭叉集团和安徽合力这样的大企业则可以向上下游转移成本。

从这一点来看，杭叉集团和安徽合力有点儿像格力电器和美的集团，主营业务的技术含量都没有很高，但市占率都很高，而且杭叉更像格力电器，技术含量和管理能力都更高一点，但规模稍小一些。

不过，虽然说叉车行业的技术含量并没有很高，但面对智能化时代的趋势，叉车行业整体也在逐步向电动化和无人化方向迈进，而这一方面杭叉集团也是做得比较好的。

杭叉集团是行业内最早布局无人叉车业务（AGV）的企业之一，2017年相关业务已实现营业收入3 000多万元，参与了包括沈阳宝马、京东物流等一批自动化解决方案项目，切入一线客户招标体系。

而且2018年公司还入股了郑州嘉晨，郑州嘉晨主要是研制电动工业车辆的"三电"（电机、电控、电池）的，这将为杭叉布局无人电动化叉车业务提供必要的基础。

从当前的发展趋势来看，这一块业务未来将会是公司一个非常大的看点。

说到参股郑州嘉晨，就不得不重点提一下杭叉集团做得很好的一点是非常注重行业的上下游整合，方式就是通过参股产业链内的企业。

叉车的零部件主要有发动机、平衡重、变速箱、轮胎、钢材、油缸、牵引电瓶等。

很多原材料公司是由子公司自主生产的，不能自主生产的则主要是参股的公司提供的。

比如，发动机是杭叉与博世合作研发的，变速箱由参股公司冈村传动、中传变速提供，液压器及油缸也由参股公司华昌液压提供。

同时还参股了汉和智能，为电动叉车提供控制总线、智能化驾驶支持。另外就是近期联合巨星科技参股中策橡胶，中策橡胶是中国轮胎行业的龙头。

叉车的成本构成中，原材料成本占了90%，杭叉集团通过参股的方式整合上下游不仅可以保障自己的原材料供应安全，也能提高收益率，甚至还可以掌控竞争对手的命运，因为公司参股的一些上下游零部企业也同时给安徽合力供货。

最后，分析企业的竞争力，就必须提到它的实际控制人仇建平了。

5.能力强的实际控制人

仇建平同时也是A股另一个上市公司巨星科技的实际控制人，应该有些朋友会比较熟悉，那也是一个非常不错的公司。

仇建平早年就接触了机械设备行业，并且一路带领巨星科技做到全国五金工具领域的龙头。几年前仇建平就积极布局智能机器人领域，领导能力和战略眼光十分优秀。

我们有理由相信杭叉集团在他的带领下，在电动化和智能化时代会做得越来越好。从上面的分析综合来看，杭叉集团的行业竞争力非常不错，公司是一个非常优秀的公司。

那么，能不能买入就是价格的问题了。

6.现在是不是一个好价格

杭叉集团在2018年的贸易环境之下，营收实现了20%的增长，净利实现了

15%的增长，2019年贸易环境有所改善，全球的经济有复苏的迹象，在这种情况下，2019年公司的业绩，至少保持去年的大盘子的问题不大，那么在2020年1月30日13倍的市盈率的情况下，估值肯定是不贵的。

而且滚动市盈率百分位处于34%的位置，也是比较低估的，距离历史最低点12.16倍也没有很远，见下图。

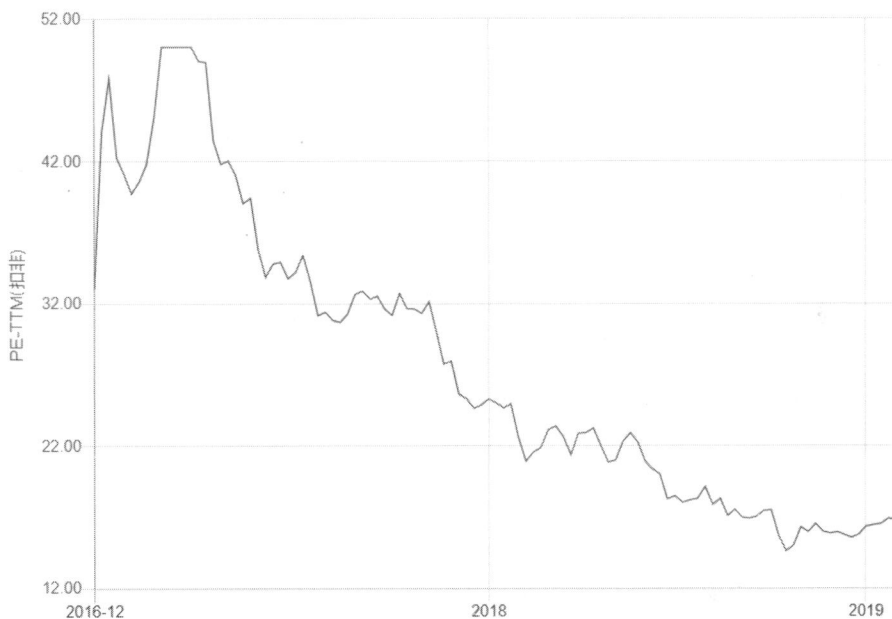

我们认为从中长期来看，随着电动叉车对内燃机叉车的替代，无人叉车应用场景的拓宽，杭叉集团达到30倍估值的可能性还是非常大的，也就是至少还有60%的空间。

7.潜在风险

2019年年报增长不如预期，行业竞争加剧，经济增长受外部大环境影响较大，对公司的业绩也造成影响。

六、恒生电子: 中国资产证券化受益者

这几年A股正在出现一个大趋势——市场在经历快速去散户化的过程, 机构越来越掌握主动权, 而且我们也给出了几个长远受益于这个过程的标的, 今天我们再给一个标的, 一个主要为金融服务机构服务的中介机构。

其实中国资本市场除了处于去散户化的进程中, 还处于另一个进程, 那就是资产证券化。

1.什么是资产证券化

是指将缺乏流动性, 但具有可预期收入的资产, 通过在资本市场上发行证券的方式予以出售, 以获取融资, 以最大化提高资产的流动性。

比如, 你手上有十套房子在出租, 每个月就是收收房租, 哪一天你急需一笔大钱, 卖房花的时间又比较久, 这个时候, 你就委托专门的机构发一笔理财产品, 底层资产就是这十套房子未来多少年的房租收益, 比如20年的收益。这样你一次性变现了20年的房租收益, 投资者则通过投资后面慢慢拿收益。这个过程就是资产证券化。

一个国家的经济越发达, 市场化程度越高, 资本市场越成熟, 则资产证券化率越高, 目前中国的资产证券化率是比较低的, 尤其是相比于美国资本市场, 还有很大的提升空间, 而且毫无疑问, 中国的资产证券化率会继续提升, 逐步向美国市场靠近。

这个过程会产生多大的机会也不用赘述, 不止国内会有大量的金融机构想办法来切这块蛋糕, 国外的金融机构也将大量涌进来抢食, 而在它们争得头破血流

的时候，有一个公司将坐享渔翁之利，那就是恒生电子，属于巴菲特口中怎么都获利的那种公司。下面我们就来详细分析一下恒生电子。

2.公司介绍

恒生电子于1995年成立，2003年在上海证券交易所主板上市，是中国领先的金融软件和网络服务供应商。公司聚焦金融行业，致力于为证券、期货、基金、信托、保险、银行、交易所、私募等机构提供整体的解决方案和服务，为个人投资者提供财富管理工具。

简单理解，恒生电子就是专门为各种金融机构做系统软件和提供服务的，获利方式就是卖软件和收服务费，主要业务是B端生意。2018年恒生电子又把大智慧香港子公司收购了，而大智慧大家都知道，是做股票交易软件的，借此公司也将客户群体从To B业务向To C业务拓展

3.是不是一个好赛道

公司的行业属于金融行业，金融行业是不是好行业相信不用我多说，自从人类有了钱币之后，金融就成为人类社会的"血液"，现代社会，金融更加重要，创造财富的能力是难以想象的。

据统计数据显示，国内公募基金规模约14.8万亿元、私募基金规模约13.82万亿元、A股市场市值规模约64.6万亿元，里面聚集了大量的金融机构。

金融机构有三个特征：

一是普遍不差钱，尤其那些巨头，这个不用过多解释。

二是金融机构在IT上的投入是非常巨大的，这些年由于互联网发展迅速，相比互联网机构，金融机构在一些人眼里是老古董的代表，但其实金融机构的技术

实力是非常强的。仔细想想也很好理解，他们是和钱打交道的，技术投入不够的话，被人攻击了怎么办。另外，证监会甚至把信息系统建设投入指标纳入证券公司分类评价标准中。

三是金融机构比较保守，所以一旦使用了某个系统，除非产品有极大的成本或者体验差别，不然是不会轻易地更换系统的。这是一个用户黏性非常强的生意。

再加上公司的商业模式也很清晰：开发金融机构需要的软件，卖给金融机构收服务费。

基本上只要拿下来客户，就可以一直躺着赚钱，份额越多赚得越多。所以，这是一个不错的赛道，核心还是看恒生电子自身的竞争力，那么恒生电子的竞争力如何呢？

4.是不是个好公司

（1）公司竞争力分析

恒生电子成立于1995年，是国内成立最早的金融IT企业之一，自成立以来，公司就始终将B端金融软件开发和网络服务作为主业，致力于服务各类金融机构，经过20多年的行业耕耘，恒生电子也取得了卓越的成就，成为国内金融IT市场的绝对龙头，在资本市场IT领域更是具有压倒性优势。

以核心产品市占率衡量，恒生系统在证券公司中占据半壁江山，在场外交易所中份额近6成，在期货公司中占比约1/3，在银行理财业务中占比7成，在基金、保险投资、信托投资业务中的市场份额更是均在8成以上，处于绝对领先地位，如下图所示。

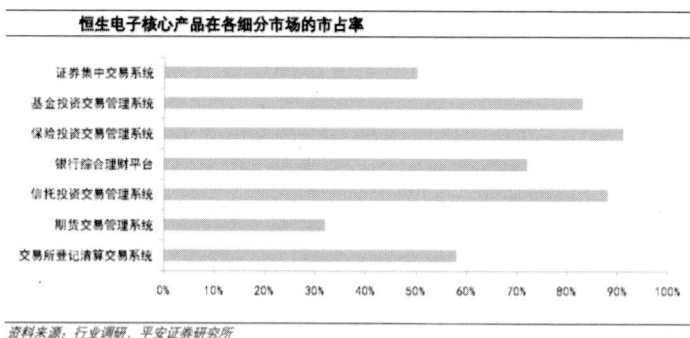

恒生电子核心产品在各细分市场的市占率

资料来源：行业调研、平安证券研究所

从产品的市占率来看，恒生电子是毫无疑问的行业老大，而且是一骑绝尘的那种级别，后面一个能打的都没有。

（2）马云也特别欣赏它

马云对恒生电子也是非常青睐，2014年浙江融信以现金收购的方式受让恒生集团百分之百的股份，而浙江融信是蚂蚁金服的全资子公司，蚂蚁金服的实际控制人又是马云，也就是马云实际上控制了恒生电子。

虽然蚂蚁金服入股后，恒生电子的经营保持独立，但和阿里巴巴这样的巨无霸联姻，产生的协同效应无疑是非常大的，别的不说，阿里巴巴在云计算、区块链、人工智能等方面都对恒生有所帮助，甚至恒生电子的云平台就是跟阿里云联合发布的。这又进一步提升了恒生电子在金融IT领域的竞争优势。

（3）超高的毛利率

金融科技公司，行业垄断地位，带来的就是恒生电子超高的毛利率，近几年毛利率逐步提升，去年更是飙到97.11%，比贵州茅台还高，见下图。

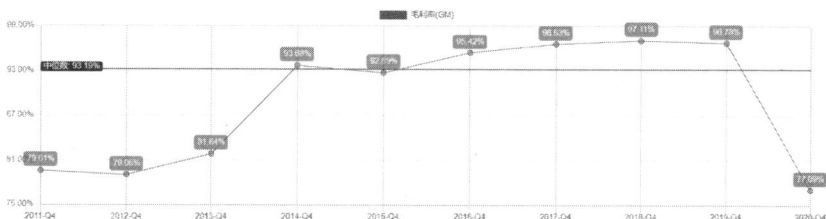

（4）长期搞研发投入

对于竞争对手们来说，恒生电子就是那个让人绝望的企业：不但进入市场早，市场份额占比高，而且投资在研发上的成本也多。

恒生电子的研发/营收占比常年保持在40%以上，公司的研发人员数量占比常年保持在60%左右，而且还是逐年上升趋势。

另外，值得一提的是，公司每年的研发投入全部费用化，没有一分钱资本化，要知道行业的平均资本化率可是在30%左右，恒生电子就是这么有底气。

虽然行业地位非常稳固，但恒生电子有非常强的危机感。在云计算、人工智能、区块链等前沿领域都已布局数年，而且陆续有产品出来，现在更是着手建立技术、数据与业务中台，尝试从单纯的软件产品及服务输出转向中台能力输出。

基本上分析到了这里，我们也不用再多说它的优秀了，恒生电子毫无疑问是优秀赛道里面的优秀选手，它就像科技股里的恒瑞医药，在自己的领域里不断深挖，靠领先优势垄断，然后躺着赚钱，不断给股东创造回报。

优秀是绝对优秀的，剩下的只是价格问题了。

5.是不是一个好价格

恒生电子，2020年2月14日市值769亿元，TTM PE 71倍，从绝对估值来说肯定是比较高的，但它的估值从来就没怎么便宜过，它的历史平均估值达到了81倍，见下图。

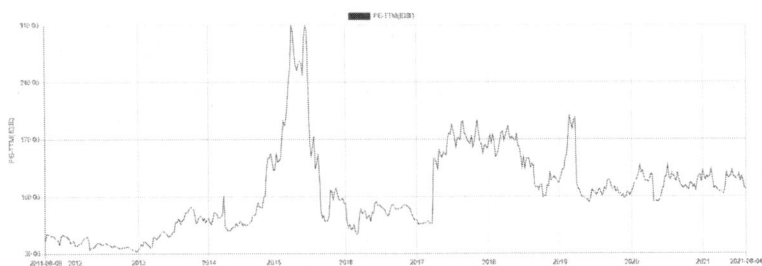

而且据它公布的2019年业绩预告：2019年归母净利约为12.9亿元到13.4亿元，同比增长约100%～108%；扣非净利约为7.73亿元到8.14亿元，同比增长约50%～58%。

再考虑它的研发成本全部费用化，那现在的估值看起来就没有很高了。

我们认为长期来看，恒生电子破1 000亿元肯定是没什么问题的，时间拉得足够长的话，破历史新高是概率相当大的事情。

反正只要看好中国资本证券化的发展，恒生电子就是必须配置的标的。

综上，我们认为恒生电子未来都值得持续的关注。

七、利安隆：化工股里有黄金

由两份财报说起，2020年2月28日利安隆发布了2019年年报业绩快报，显示营收20.45亿元，同比增长37.49%，归母净利润2.626亿元，同比增长36.04%，应该说从绝对数字和增幅来看，都算是不错的业绩了。但第二天市场的走势却是这样子的，见下图。

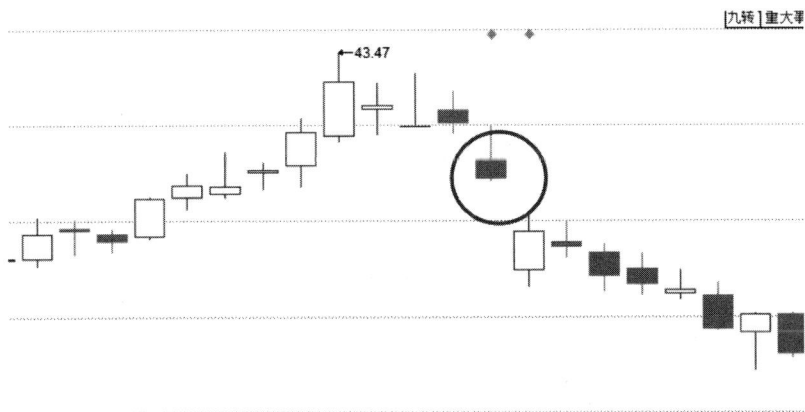

跳空大幅度低开，盘中一度跌停，下午才有了一部分涨幅，当天最终收跌4.73%，为什么会是这样的走势呢？

原因是2019年的业绩快报低于此前预告的55.38%～70.92%，业绩快报中没有解释和此前预告差距的原因，但市场担心它的快速增长到头了，纷纷砸盘走人。

那么，它的增长到头了吗？后面还有没有机会？我们再来看看它的一季度业绩预告：4月9日利安隆发布2020年一季度业绩预告，盈利：5 800万～6 300万元，比上年同期增长9.11%～18.52%，虽然增幅不算很明显，但在2020年这个艰难的时期，利润能有增长的公司已经很了不起了。

所以，今天咱们就来详细地剖析一下利安隆。

1.公司介绍

利安隆，一个名字听起来有点怪的公司，成立于2003年，是一家专门从事高分子材料抗老化助剂产品研发、生产、销售和服务的高新技术企业。也是国内高分子材料抗老化助剂领域唯一的上市公司。主营产品为抗氧化剂、光稳定剂和为客户提供一站式解决材料老化问题的U-PACK产品，公司产品广泛应用于塑料、涂料、橡胶、化学纤维、胶黏剂等所有种类的高分子材料。

公司的主营产品一般人听起来很难理解。所谓的高分子材料包括丝、麻等天然高分子材料和合成高分子材料，也就是大家生活中常见的塑料、橡胶、涂料、化学纤维、胶黏剂等。而氧化作用是无处不在的，塑料、橡胶、涂料等也会被氧化，使用寿命就会因此缩短。

利安隆则是生产一些添加剂，能够改善高分子材料的原有性能，并可赋予橡胶、塑料等高分子材料抗热氧化、抗光氧化等抗老化功能，延长这些材料的使用寿命。这些化学助剂被称为抗老化助剂，主要为抗氧化剂、光稳定剂两大类别。

2.是不是一个好赛道

抗氧化剂和光稳定剂下游主要是各种高分子材料，也就是塑料、橡胶、涂料等，应用有多广泛不用多说，而从理论上来说，所有与空气、光照接触的高分子材料都需要添加这些助剂来对抗材料的老化问题，所以氧化剂和光稳定剂的市场空间非常大，而且成长性也没有太大问题。

据券商的测算，高分子材料助剂市场容量超过700亿美元，其中抗老化助剂（主要是抗氧化剂、光稳定剂、热稳定剂等）市场容量近200亿美元，保守预计抗氧化剂和光稳定剂市场在100亿美元以上。公司20多亿元的销售额也就占比不到3%，依然有广阔的成长空间。

其次，高分子材料化学助剂产业具有技术密集型和资金密集型的特点，所以国际高分子材料化学助剂产业集中于发达国家和地区，比如欧美、日韩等，近些年才慢慢向大陆转移，利安隆则是国内崛起的具有相当竞争力的厂家。

而且更为重要的是，由于抗老化助剂添加量少，占下游成本比例很低，但对高分子材料性能的影响很大，所以，下游客户对于价格并不敏感，但对助剂产品质量和稳定性要求很高，一般不会轻易更换供应商。由于稳定性的要求，助剂下游认证周期非常长，像很多汽车涂料、光学膜等中高端领域客户，光是产品认证测试就需要4~5年，顺利打通整个渠道往往要7~8年，渠道进入壁垒非常高。

正是这些行业特点，越早进入、技术实力越强的公司越有利，从这一点上来说，利安隆所处的赛道算是一个不错的赛道。

3.是不是一个好公司

（1）公司竞争力分析

● 研发实力比较强

由于公司创始团队就是技术出身，董事长等诸多高管都是国内最早从事化工技术创新和产业化的专家，加上行业的技术含量比较高，所以非常注重对技术研发的投入。

截至2019年一季度，公司专利总量约106件，上市以来公司每年研发支出都在5 000万元以上，费用化率也超过4%，在行业处于较高水平，上市后公司投资3 200万元建设了新的研发中心，2018年已投入使用，近两年技术人员数量增加了40%，高学历的硕博人数也大幅增长。公司从硬件设施和人才结构方面提升了研发实力。

也正是因为这些投入，公司被评为天津市"科技小巨人"企业，公司研发中心被认定为"天津市企业技术中心"，并建有"天津市高分子材料功能助剂技术工程中心"。公司产品THANOX MD-697被评为国家级重点新产品，THANOX 245被列入国家和天津市火炬计划项目。产品品质已达到巴斯夫等国际同行业先进厂商同类产品的质量标准。

● 全球化的销售网络

抗老化助剂下游客户数量众多，地理区位也很分散，而每个客户对品种的需求又非常多样化。加上老化助剂添加量少，占下游成本比例很低，但对高分子材料性能影响很大，下游客户对价格不敏感，更在乎的是产品质量和稳定性，以及服务和售后支持等。那么搭建一套快捷高效的销售响应网络就显得非常重要。

相比国内的竞争对手，公司2005年就走出了国门，目前在美国、欧洲、东南亚等各地区都设有办事处、仓储和经销网络，可以实现覆盖全球的72小时配送服务。同时公司与全球主要的高分子材料龙头都已建立了长期稳定的合作关系，包括金发、巴斯夫、朗盛、ADK、PPG等，进入客户供应体系后，未来继续提升份额难度大大降低。

从销售渠道、客户关系、销售能力等综合实力来说，公司已经步入全球一线抗老化剂龙头之列。

● 公司有望持续高速增长

目前，行业市场空间足够，行业后续的增长性也没有问题，加上在国产替代进口的大逻辑之下，国内行业的成长性有保障，但关键还是企业自身的竞争力，以及产能的提高情况。

由于公司自身的竞争实力，加上公司目前是国内高分子材料抗老化剂唯一的上市公司，综合竞争力比国内其他企业明显要大，而且可以利用上市公司的优势对行业进行并购整合，进一步扩大竞争优势。

事实上公司也确实是这么做的，上市后公司先后并购了常山科润、衡水凯亚化工，并投资珠海基地项目扩建产能，公司有望保持高速增长态势。

（2）财务分析

公司上市三年，分红融资比为7.02%，不合格。

由于公司属于重资产行业，因此资产负债率向来较高，2018年为45.52%，不过整体而言，公司的负债水平可控，利息费用仅有2 000多万元，占1.93亿元利润的10.9%。

也许很多读者要问了，你不是一直说，公司的利息费用最好不要超过利润的10%吗？那这也不怎么分红，利息也超过10%了，是不是不好？

当然不是，利安隆属于重资产行业的公司，重资产行业负债率向来较高，一般来说，利息费用占净利润30%以内，都是可以接受的，所以10.9%的占比其实在这个行业中已经算很优秀的了。也恰恰由于公司的属性，公司是很需要钱的，除非公司已经很优秀,账上有大把大把钱的时候,才会开始大方而又稳定地分红,而公司目前只是一个市值还没有过百亿元的企业,当然也就不会很大方地分红。

不难发现,公司的业绩是很优秀的,五年时间,营收翻了三倍,利润更是翻了四倍,如此骄人的业绩,自然要归功于公司惊人的研发投入,见下图。

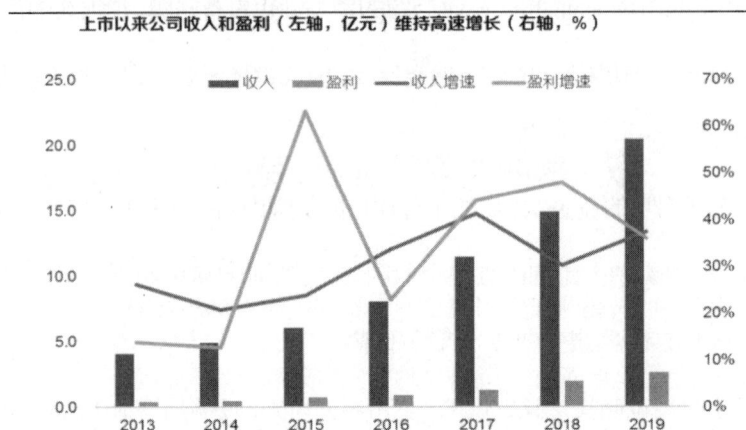

上市以来公司收入和盈利(左轴,亿元)维持高速增长(右轴,%)

公司一直都很重视研发,且这么多年,研发的费用投入呈上升趋势,至2018年,研发投入更是达到了全行业第一,见下图。

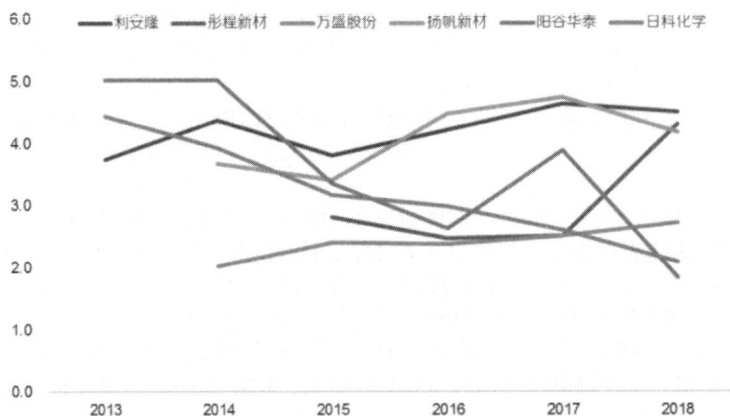

公司的毛利率、净利率也呈稳定增长趋势(见下图),可见管理层对于成本管控有多么尽心尽力。

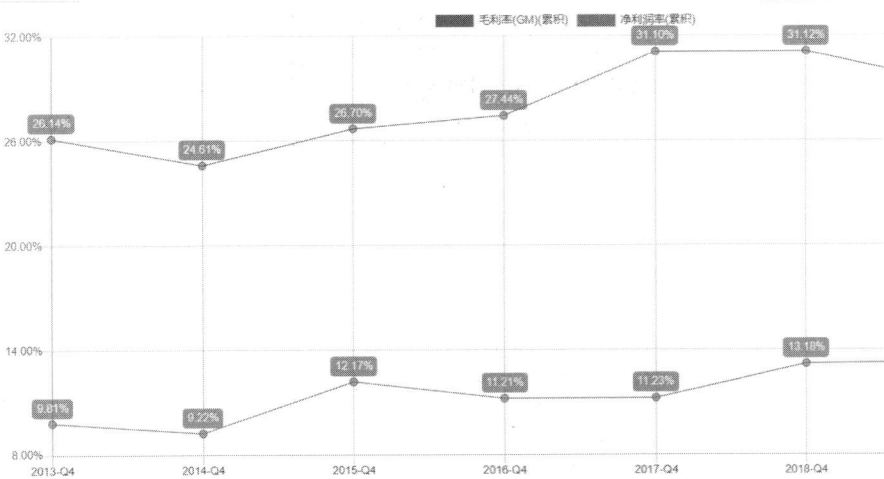

图例：毛利率(GM)(累积)　净利润率(累积)

- 2013-Q4: 26.14% / 9.81%
- 2014-Q4: 24.61% / 9.22%
- 2015-Q4: 26.70% / 12.17%
- 2016-Q4: 27.44% / 11.21%
- 2017-Q4: 31.10% / 11.23%
- 2018-Q4: 31.12% / 13.18%

　　但公司的缺陷还是较为明显，经营性现金流一直小于净利润（见下图），这代表公司挣到的钱中有部分是应收款/票据，收到钱又会拿去投入，很难变成真金白银，这也是为什么公司不肯分红的原因。

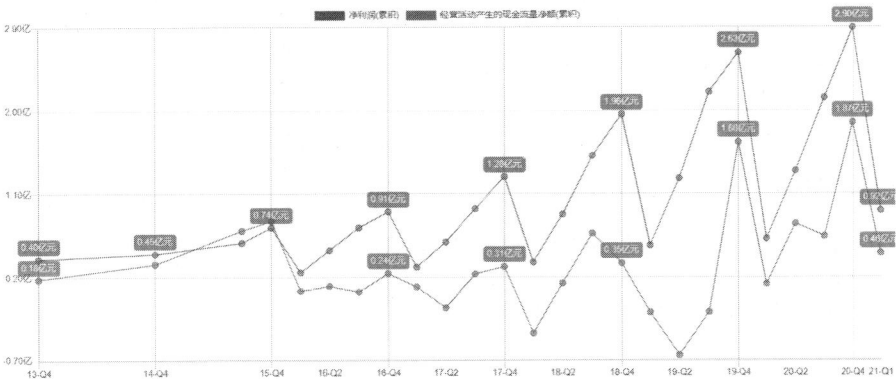

图例：净利润(累积)　经营活动产生的现金流量净额(累积)

　　但好在即便现金流小于利润，但一直都是正的，也就是说，公司的正常经营是没有问题的，现在需要的就是慢慢积累，越做越大、越做越强，等品牌强度足够挤压上下游利润、不用这样扩张时，现金流就会好转，现金流稍差，也许是每一个小公司都要面临的痛点。

4.是不是一个好价格

按照公司2019年业绩快报中的归母净利2.62亿元来算，至分析时刻公司的市值64亿元多一点，估值也就是24倍，以这两年净利平均超过40%的增速来看，这个估值算是低估了。

2020年由于特殊情况，第一、第二季度需求受压，业绩增速相比2019年会降低，但从一季报的增速看，受影响情况依然可控，就当前的估值水平依然不算高。

5.可能的风险

（1）2020年特殊的外部大环境，引发全球贸易的严重萎缩，甚至是逆全球化，公司营收受损。

（2）新产能释放不如预期。

（3）行业竞争的加剧，引起公司竞争力下降。

6.结论

综合上面的分析，利安隆属于一家长期业绩确定性比较高，未来的成长性也值得期待的公司，2020年4月10日64亿元的市值，也让后面充满了比较大的想象空间，值得持续关注。

八、玲珑轮胎：从周期股中挖掘金子

本节我们给大家介绍的是一只次新股，叫玲珑轮胎，是一只我们觉得潜力还比较大的股票。

1.公司介绍

玲珑轮胎是国内规模最大、效益最好的轮胎专业生产企业之一。主营业务为汽车轮胎设计、开发、制造和销售，主要产品分为全钢子午线轮胎、半钢子午线轮胎等3 000多个规格品种，广泛应用于乘用车、商用车、工程机械等。公司已形成"玲珑""山玲""利奥"等多个品牌。

公司顺应低碳经济和绿色制造潮流，形成低滚动阻力系列、环保系列、跑气保用系列、雪地轮胎系列、低噪声系列、抗湿滑系列六大产品群。每年自行研制开发新产品达300个以上，已有20多项新技术、新产品填补了国内空白。

"玲珑"商标被国家工商行政管理总局认定为"中国驰名商标"，"玲珑品牌"连续11届被评定为"中国500最具价值品牌"，2015年品牌价值达202.95亿元，稳居国内轮胎行业首位。

简单地说：玲珑轮胎就是一个生产轮胎的企业。那么轮胎制造是不是一个好赛道呢？

2.轮胎行业是不是一个好赛道（商业模式分析）

轮胎大家都见过的，有些人甚至自己动手换过轮胎，作为汽车的重要零部件，是发展汽车产业的基础，跟每一个人，跟国家的经济发展都息息相关，不过虽然人人都见过轮胎，但并不是每个人都清楚轮胎的分类。

（1）轮胎的分类

按结构设计划分，分为斜交轮胎和子午线轮胎。

最开始的轮胎都是斜交轮胎，具有胎面和胎侧强度大的特点，但舒适性差，而且不适合高速行驶。

1946年米其林公司发明了子午线轮胎。与普通斜交轮胎相比，子午线轮胎滚动阻力小、附着性能好、弹性大、缓冲力强、承载能力大、耐磨耐刺，但制造技术相对复杂、成本较高。现在基本上发展方向都是发展子午线轮胎，尤其轿车，很多国家已经全部改为子午线轮胎了。

子午线轮胎又细分为全钢子午胎、半钢子午胎。

按有无内胎，分为有内胎轮胎和无内胎轮胎（又称原子胎或真空胎）。目前无内胎轮胎已被普遍采用，这种直接依靠轮辋密封轮胎气压的轮胎与钢轮组合，消除了爆胎隐患，行驶更安全、自重减轻、更省油。

按用途划分，分为汽车轮胎、工程机械轮胎、农用轮胎、工业车辆轮胎、力车胎、摩托车胎和航空轮胎等。

（2）轮胎的行业属性

轮胎是汽车的重要零部件，需求量受汽车的销量影响，而汽车行业又受宏观经济、下游需求景气周期的影响比较明显，同时，汽车又不是必需消费品，因此说轮胎行业具有明显的周期性。

另外，在一辆车的生命周期里面会换很多次轮胎，而且是必须进行的消费，所以轮胎周期性没有汽车行业那么明显，而是具有一定的消费品属性。

轮胎的市场包括两块，一个是新车配置市场，就是生产车的时候，必须要配置相应的轮胎，目前轿车与轮胎的配套比例为1∶5，载重车与轮胎配套比例平均约为1∶11，这个占全球轮胎市场的30%左右。另一个则是替换市场，每辆轿车每年需替换1.5个轮胎，工程机械与载重机械的替换系数高于轿车，占全球轮胎市场的70%。

随着汽车保有量的逐步增加，保有量市场越来越重要，轮胎行业的消费品属性会逐步增强。而且因为新车配置市场，车企掌握话语权，所以向车企的供货利润会很薄，对轮胎企业来说，保有量市场是主要的销量和利润来源。

不过由于车主更换轮胎的时候，都偏向于换原装品牌，所以要做大保有量市场的份额，又必须想办法做好新车市场，进入更多的车企供应链。

但进入新车配置市场也不容易，实力越强、越高端的车企越难进，它们有包括质量、产能、价格、品牌等各方面的考核。中国的轮胎企业，价格相对有优势，产能也不是问题，但是质量和品牌都没有很强的竞争力。

一个轮胎企业要做起来，就必须不断地提升自身产品的质量、科技含量，并在此基础上做好生产管理，让产品价格具有竞争力，还要不断地做大、做强品牌，争取进入更多的知名车企供应链，最后做好渠道建设工作，在保有量市场上大量出货，获得利润。

（3）商业模式

咱们再看轮胎行业的商业模式，其实非常简单：轮胎厂家购买原料橡胶和钢铁，加工后变成轮胎，卖给汽车厂商和维修市场。

轮胎制造的最大成本是原料，主要是橡胶，包括天然橡胶和合成橡胶，合成橡胶的价格跟随天然橡胶波动，根据橡胶所处的价格周期不同，橡胶占整个轮胎的成本在30%～50%，然后才是钢铁、生产研发、人工、品牌营销、渠道建设等费用。

还有就是行业竞争情况。轮胎行业的门槛非常低，只要有生产设备和原料，就可以做这门生意，所以轮胎行业竞争非常激烈，另外，轮胎行业也具有比较强的技术含量，想要生产更好的轮胎，需要很多的研发投入。小厂商想要进入汽车原配市场非常困难，只能面向低端市场。

所以，轮胎行业是一个非常极端的市场，高端玩家很少，它们垄断了高端市场，享受高利润，低端市场则竞争非常惨烈。

综上，轮胎产业具有比较强的周期性，能不能投资，要特别关注汽车产业所处的周期，橡胶的价格周期，以及行业的竞争情况等。

（4）影响公司股价的关键

从市场容量来看，轮胎行业无疑是一个非常不错的赛道，汽车产业是超百万亿级别的市场，轮胎又是总价值比较高的汽车零配件，市场超万亿元，而且又是具有一定消费属性的零配件，市场空间和成长性都不是问题。

然后就是看汽车产业所处的周期和橡胶的价格周期，以及行业的竞争情况等。

汽车产业所处的周期，2018年和2019年增速非常惨淡，其中中国市场降速非常明显，而且截至2020年1月份依然没有止跌迹象，但换一个角度思考，一旦全球汽车销量增速止跌回升，那对轮胎行业就是一个利好。也就是汽车周期当前对于轮胎行业是利空，但中长期看是利好。

再看橡胶周期，从橡胶期货走势看，2020年1月份处于价格底部，对轮胎行业还是比较好的，但未来如果橡胶行业景气度上行，对轮胎行业盈利将产生不利影响。也就是橡胶周期目前对轮胎行业友好，但后续存在价格上行，侵蚀轮胎行业利润的可能性。

那橡胶价格上走的情况如何呢？

橡胶的供应量是由橡胶的新增种植面积（重种植和新种植）和橡胶的开割率决定的。2020年1月份全球橡胶开割率维持在74%左右，处于历史的平均水平，但新增橡胶的种植面积在2010—2012年达到新高。

一般而言，新种的橡胶树在经过6～7年后可以开始正式割胶，产胶周期可达60年。

在这种情况下，只要不是需求端暴增，橡胶的价格预期是可控的。

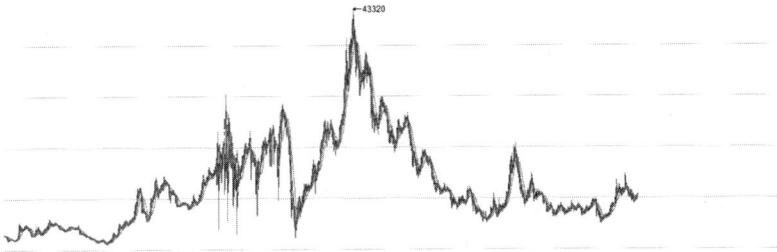

再然后就是行业的竞争情况了。

上面说了，轮胎行业现状是高端市场被寡头垄断，低端市场竞争惨烈，目前全球轮胎企业大概分为四个梯队，第一、二梯队主要都被欧美、日韩等国家的企业垄断了，中国的企业主要集中在第三和第四梯队，见下表。

全球轮胎企业按梯队划分

梯队	代表品牌	价格指数	特点
第一梯队	米其林	120	传统三巨头
	普利司通、固特异	95~110	
第二梯队	倍耐力、大陆、邓禄普	85~105	七家跨国轮胎集团
	正新、韩泰、固铂	70~85	
第三梯队	中策、玲珑、朝阳、锦湖、赛轮金宇等	60~80	国产品牌地位不断上升
第四梯队	国内大多数中小轮胎品牌等	50~60	中小轮胎企业仍以同质化竞争为主

但从发展趋势来看，第三、第四梯队市场份额起来很快，尤其是第三梯队，由于第三、第四梯队主要是中国企业，也就是目前轮胎产业国产替代进口的进程在加快。

另外，由于中国轮胎行业同质化和产能过剩非常严重，这两三年由于环保政策趋严和产能出清，中小企业不断被淘汰，市场集中度在不断提升，对大中型企业是一个利好，见下图。

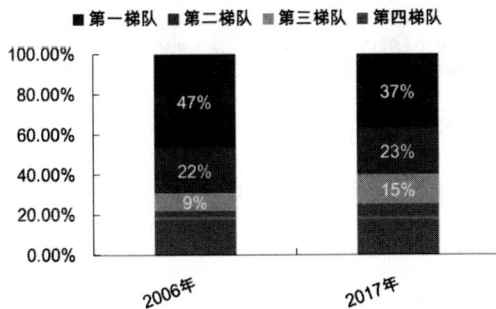

195

总结一下，玲珑轮胎处在一个不错的赛道，2020年1月份处于橡胶处于价格低位和行业集中度提升的有利周期内，但同时处于汽车行业下行的不利周期，考虑到存量市场是巨大的，所以，接下来的核心内容就是看玲珑轮胎的自身竞争力如何，能否去抢占中高端市场，以获得源源不断地成长。

3.是不是一个好公司

（1）公司竞争力分析

玲珑轮胎是国内规模最大、效益最好的轮胎专业生产企业之一，在全钢载重子午胎、轿车及轻卡子午胎等领域具有明显的领先优势，已成功为国内外60多家汽车厂商提供配套服务，其中独家配套了一汽大众捷达三款新车的主、备胎。目前公司整体规模已位居世界轮胎企业前二十强，中国轮胎企业前三强。

在全球车市景气度较差的情况下，玲珑轮胎的营收却逆势增长（2017年、2018年、2019H1净利润增速分别为3.72%、12.73%和38.47%，见下图）。

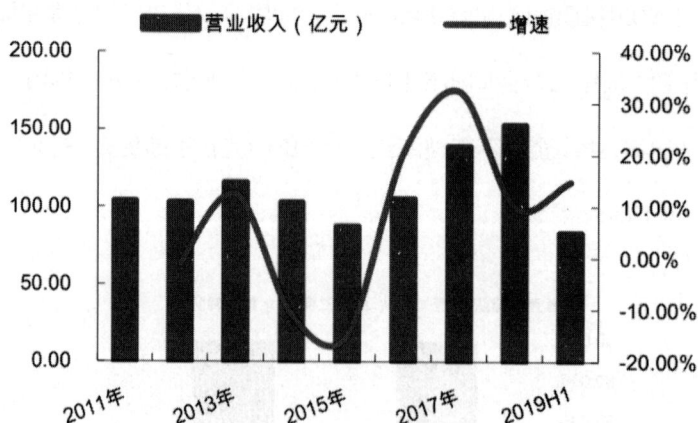

毛利率和净利率也都优于市场平均水平，见下图。

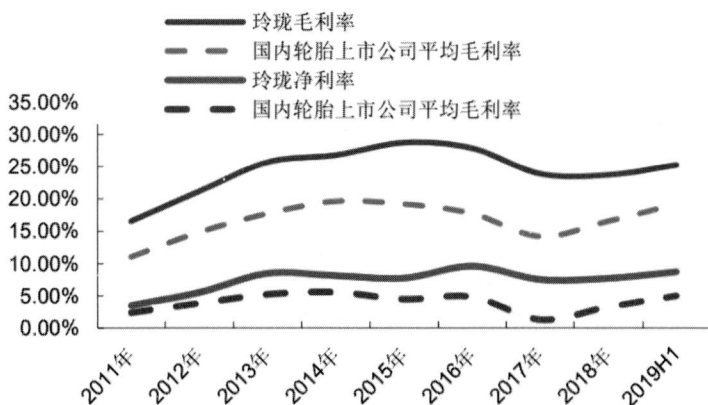

产能方面，截至2018年底，总产能6 445万条，其中国内产能约5 000万条，国外产能约1 445万条。根据规划，2022年总产将达到11 390万条。

另外，2018年开始，公司制定了"配套优先"战略，加快开拓合资车企的配套市场。现已进入了一汽大众、福特等合资品牌的配套体系。

另外，品牌和渠道建设也都在加快，一方面不断加大广告投放；另一方面不断做渠道建设，公司国内拥有200多家一级经销商，海外拥有300多家一级经销商，全球营销网点30 000多个。

总的来说，玲珑轮胎在国内的轮胎行业中具有较强的竞争实力，而且各方面都在持续快速成长中。

（2）财务分析

公司上市三年来，分红融资比为34.81%，比较优秀。

公司的资产负债率为57.75%，有些高，主要为短期借款33.98亿元、应付21亿元、长期借款25.86亿元、应付债券18.4亿元，其账上现金44.29亿元，乍一看，还款压力过高，基本能借的钱都借了，这种情况下一般都会存在股权质押，于是我们特地看了下公司的股权质押情况，截至分析期是没有的。

公司2018年利息支出3.61亿元，利息收入仅0.48亿元，而其2018年净利才11.81亿元，利息占了30.6%，完全是在给银行打工，负债结构风险比较大。

公司负债那么重，借这么多钱，必然是有大项目的，仔细查看公司的资产负债表，发现其变动较大的为在建工程，2017年同期4.87亿元，2018年为13.36亿元（见下图），翻了快两倍，公司对其的解释是广西玲珑、泰国玲珑、湖北玲珑项目扩建。

项目在扩建，意思就是要扩大产能，难道公司的货物需求量加大了吗？

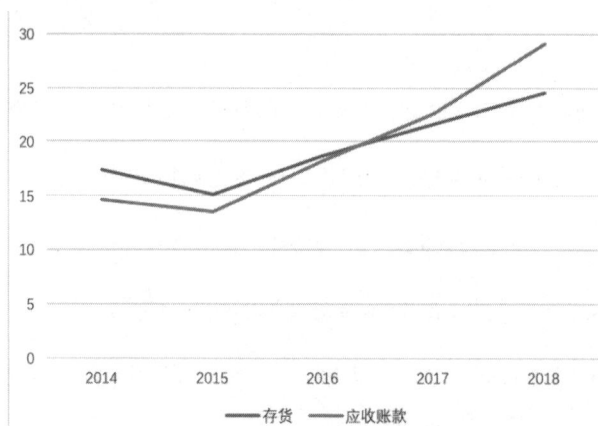

公司的存货、应收账款，可谓增长迅猛，但存货周转天数却在下降，应收账款周转天数几乎没变，看来公司的需求端大概率是增大了，见下图。

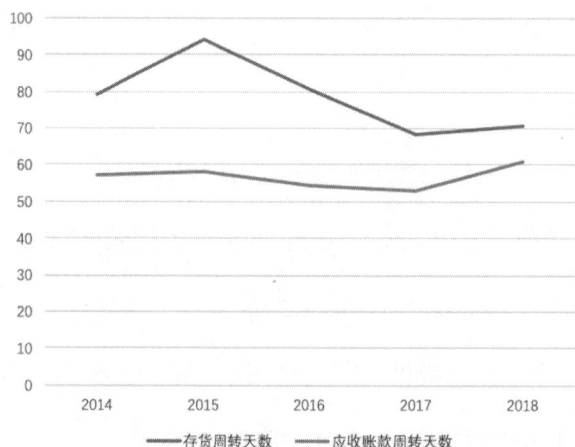

那接下来我们当然要通过大家最看爱的营收和净利润来考察公司是否需要扩大产能，见下图。

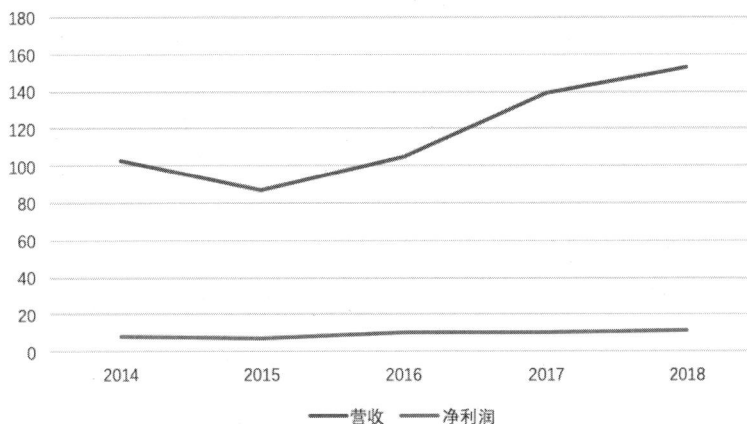

从公司近年来的营收、净利润来看，几乎是增收不增利，净利低得惊人，原因就在于公司一直以来较低的毛利率和净利率，2018年毛利率为23.7%，净利率为7.72%，真心低得可怜，好在2019年毛利率和净利率都是逐步提升的，企业的规模效应开始慢慢发挥作用了。

综合来看，玲珑轮胎距离世界第一、二梯队的轮胎企业还有较大的差距，但在国产轮胎企业中已经处于领先地位，拥有一定的竞争优势，充分享受了国内轮胎行业市场集中度提升过程中的红利。

4.是不是一个好价格

2019年公司半年报，归母净利润7.25亿元，同比增长38.47%，毛利率25.23%，大幅优于行业平均水平，基于此，我们大胆预测后面两年分别按20%增长，则至2021年公司净利润为：21.6亿元。

给予公司20倍市盈率，对应市值为：432亿元，截至2020年3月28日，公司的市值为237.6亿，还有82%的成长空间，我们认为可以适当参与。

而从长远来看，只要它能持续投入研发和品牌，一直保持业界竞争力，依靠中国成熟的产业链和巨大的市场空间，玲珑轮胎有望成为中国工业里又一个巨无霸。

5.可能的风险

（1）汽车行业景气度进一步下滑，则公司的业绩可能受一定的影响。

（2）橡胶价格开始上行，则公司毛利率或面临下行风险，如果橡胶价格缓慢上行，对公司的业绩影响还不算很大，但如果短期大幅度上涨，将对公司的业绩产生比较大的压力。

综上，玲珑轮胎未来都值得持续的关注。

第七章

价值投资思想的应用

价值投资不只是一个投资方法，它更是一种投资思想，在很多投资领域都适用，我们在投资中应该学会融会贯通，发挥出它最大的效用。

一、稳赚不赔的可转债投资

1.为什么你应该学习一下可转债这个投资产品

先问大家一个问题：如果一个投资品种，保本、保息，翻倍也很常见，最高收益上不封顶，这样的投资你要吗?

当然要，那世上有这样的好事情吗？必须有，而且人人都可以做到，非常简单的不用做任何学习，可以立马上手。比如，存1万元买货币基金，每天把收益拿出来去刮彩票，不就是保本保收益，又在最高收益上不封顶吗？当然了，如果答案这么简单，这节内容就没有必要写出来了。所以还有一种方法就是可转债。先来说说为什么你必须学习一下可转债这个投资产品。

投资中最糟糕、最可怕的事情是什么？毫无疑问是亏损，尤其是本金永久性的亏损，这里插一句，投资中的风险，一般而言，可以分为价格波动性风险和本金永久性亏损风险，价格波动性风险是指由于价格短期的波动导致的账面亏损，但时间拉长了，后面价格还会回去，而本金永久性亏损则是由于公司基本面变差导致价格再也回不到买入的点位，只能割肉，比如48元买入中石油，或者2015年买入乐视网，2018年买入康美药业后没有卖过。

而导致投资发生亏损的原因则是投资中的不确定性，这也是投资中最困难的一件事情。因为投资中的不确定性导致很多人买股票、买基金的时候不敢重仓，即使买对股票和基金，也赚不了多少；因为不确定性，即使买对了，也不容易拿得住，很多人的状态是跌的时候慌，涨的时候也慌；因为不确定性，亏损了，很多人不敢补仓，或者是乱补仓，越补越亏。反过来，如果能把投资中的不确定性去掉的话，投资就变得非常轻松了：从一开始就敢下重仓，跌了敢补仓，涨了不慌，气定神闲，赚钱有时也很容易。

上证指数上上下下十几年，竟然几乎没有上涨，各种波澜起伏，各种不确定性，散户也是各种追涨杀跌，最终就是亏损累累。但是A股却存在一种确定性极高的投资品种，其确定盈利的可能性几乎可以说是百分之百，向下也是百分之百保底。

更关键的是，它的这种确定性并不依赖市场的景气度，即使是再熊的熊市，股市腰斩也好，它最终都是保本的，而一旦牛市来临，同样也受益于大牛市，其获利几乎可以说上不封顶。它就是我们这一节要讲的可转债。如果讲到这里，你开始对这个投资产品感兴趣了的话，咱们马上开始后面的内容学习：看看可转债究竟是什么东西，为什么能做到稳赚不赔。

2.可转债是什么

可转债全称为可转换公司债券，是一种可以在特定时间、按特定条件转换为普通股票的特殊企业债券。债券大家都知道是什么吧？简单说就是借债凭条，到期还本付息。所以可转债就是一张多了一个特殊功能的企业借债凭条，具有两个特性：债性，还本付息；股性，可转成对应的公司股票。

到这里，咱们就可以对可转债是什么做一个总结了：可转债，归根到底是一张债券加一张看涨期权的合体，债券给你保了底，看涨期权，让你上不封顶。了解了可转债是什么后，咱们接下来说说可转债为什么能稳赚不赔？

首先，可转债归根到底是一个债券，也就是上市公司向股民发行的借款凭条，只是额外赠送了一个可以转成公司股票的权利（当然了，这个权利不是白送的，条件就是可转债的利率比较低，也就是上市公司借钱成本比较低，一般来说可转债都是5年到6年期，平均下来年化利率只有1%～2%）。而只要是借钱，就必须到期还本付息，欠债还钱天经地义，只要投资者持有可转债，到期了上市公司就必须还本付息，所以只要在面值的价格以内买入（每一张为面值100元）持有至到期就是稳赚不赔的，那么有没有可能到期了，上市公司要赖不还本付息？

理论上是有这种可能性的，这几年债券违约的案例并不少见，不过实际上概率比较低，主要是可转债的发行条件比较严格，必须是资质比较好的上市公司，而公司资质比较好，经营没问题的公司都没有必要赖账，因为一旦赖账，证监会可不会让它好过，而且它也没必要为了一个可转债而损失掉一个大好的融资平台。

另外，从可转债这个产品本身的设计机制来看，上市公司有千万种让持有债券的投资者转成股票的方法，而只要转成相应的股票了，上市公司就不用再还本付息了，所以上市公司也没有违约的动机（具体方法，等下面学习了可转债的几个要素后，大家就清楚了）。

事实上也是，从过往的历史来看，A股发行了这么久的可转债，没有发生过一例违约的，全都成功兑付。当然，随着现在可转债发行的数量越来越多，后面我们没办法百分之百保证就不会有违约的情况，但从债券的发行审核机制和可转债这个产品的设计机制来看，违约的概率很低。

好了，到这里，你大概应该多多少少明白了，为什么可转债可以做到稳赚不赔了，反正这就是一个债券，只有转成股票有利可图，你才会转成股票，如果转股后无利可图，就持有到期，等上市公司还本付息，怎么样都亏不了。不过大家要注意，不亏损的前提是：必须在面值100元以下买入，如果高于100元，也是有可能会亏损的。

到了这里，相信你对可转债已经有一个大致的概念了，但这还不够，要真正弄懂可转债，我们必须搞清楚可转债的几个要素，而只要这几个要素清楚了，那么你就基本熟悉了这个投资品种。

3.可转债的几个重要要素

（1）转股价格

从前面的学习，我们知道了可转债相比其他债券最大的特色是可以在一定的时间，一定的条件下转成对应公司的股票。那么，这个转股价就非常关键了，对于债券投资者来说，当然是转股价越低越好，比如现在股价100元，转股价90元的话，相当于9折买股票，投资者肯定是非常乐意的，如果能80元，70元那就更好不过了。即使转股价100元，对于投资者来说，也不亏，毕竟在5到6年内来一波大牛市的概率还是非常高的，牛市来了，股价肯定要上涨的（可转债的期限一般是5到6年）。但对于上市公司来说肯定不希望转股价太低，不然万一股价大涨，比如涨到200元，债券投资者却可以用90元买入股票，对公司来说就亏大了。

好在证监会已经帮咱们设计好了，有统一的规定，根本不需要咱们纠结这个问题。一般来说，初始转股价格的确定都是：可转债募集说明书公告日前20个交易日公司股票交易均价和前一个交易日公司股票均价二者之间的较高者。前20个交易日公司股票交易均价=前20个交易日公司股票交易总额/该20个交易日公司股票交易总量；前1个交易日公司股票交易均价=前1个交易日公司股票交易总额/该日公司股票交易总量。如果在这20个交易日内发生过因除权、除息引起股价调整的情形，则对调整前交易日的交易均价按经过相应除权、除息调整后的价格计算。

好了，到这里，我们就明白了可转债最开始的转股价是怎么制定的了，这里留一个小尾巴：这样的定价有一个问题，如果没有更周全的设计，可转债投资者会被坑。当然了，好在已经有了周全之策，具体是怎么被坑，又是如何从机制上防止了这个问题的，等下面几个条款学习完再说。

（2）向下修正转股价条款

可转债我们已经知道了，本质就是上市公司向投资者低息借钱，基本上可转债5到6年的年化收益率算下来就1%到5%，比余额宝还低，为了让投资者有期望，额外给了他们一个权利——特定时间、条件下持有的可转债可以转成公司的股票。

而可转债的设计机制是可以让上市公司不还钱的，只要让你转股，你就变成股东，再也不欠你钱了。而且瞬间地位反转。那么问题来了：怎么才能让投资者转股？

答案是有利可图，转股价必须低于转股时的股价，比如转股价为10元，那么股价必须高于10元，比如15元，股民相当于低价买入一个股票后随时在市场上抛掉获利；如果转股价是10元，转股时的股价为5元，那才不会转股，看好股票直接去二级市场上买就可以了。那就有一种情况了：如果股价长期低于转股价，股民们都不愿意转股，都只想持有到期等回本付息，上市公司怎么办？

这个时候就会触发上市公司的一个权限——向下修正转股价条款。也就是调低转股价，这样股民不就有转股动机了吗。那下调后的转股价该如何确定呢？跟最开始转股价的确定有点类似，一般是这样规定的：下调修正后的转股价格一般应不低于一个特定日期前20个交易日内该公司股票交易均价和前一交易日均价之间的较高者，同时修正后的转股价格不低于最近一期经审计的每股净资产和股票面值。解释完，我们来看个例子吧，更好懂一点。

亚泰国际关于调低转股价的规定是这么说明的：

公司本次可转债发行方案规定："在本次发行的可转换公司债券存续期间，当公司股票在任意连续三十个交易日中至少有十五个交易日的收盘价低于当期转股价格的90%时，公司董事会有权提出转股价格向下修正方案并提交公司股东大会表决。上述方案须经出席会议的股东所持表决权的三分之二以上通过方可实施。股东大会进行表决时，持有本次发行的可转换公司债券的股东应当回避。"

在满足可转债转股价格向下修正条件的情况下，公司董事会可能基于公司的实际情况、股价走势、市场因素等多重考虑，不提出转股价格向下调整方案，或董事会虽提出转股价格向下调整方案但方案未能通过股东大会表决。因此，存续期内可转换公司债券持有人可能面临转股价格向下修正条款不实施的风险。

通过上面的例子咱们可以看到调低转股价对上市公司来说是一个权利，并不是义务，而且还得股东大会通过。不过一般来说，上市公司都是有调低转股价动力的，如果股价长期低于转股价，那么调低转股价的概率会大大增强。所以可转债投资中有些人就专门挑那些股价大幅度低于转股价，又濒临到期的可转债，搏大股东调整转股价，而一旦确定调整转股价后，一般都会有一波拉升。

（3）强制赎回条款

我们都知道可转债投资者只会在有利可图的时候转股，上市公司为了不还钱，肯定会想办法让股价高于转股价，包括可转债快到期之前配合出一些利好消息刺激股价上涨，或者调低转股价等。但也有这种可能性：即使股价高于转股价，有些投资者就是不转股，死活都不转股。

你可能会觉得难以理解，有利可图为什么不转股？太正常不过了，投资者数量太多了，有各种可能性，比如有些人是不知道，有些人是怕转成股票不安全，有些人就是纯粹不想转。

那碰上这种不转股的钉子户怎么办？上市公司可是比谁都着急，毕竟如果不转股，持有到期的话，上市公司只能乖乖地还本付息了。这个时候又会触发上市公司的第二个权限——强制赎回条款。强制赎回条款一般是这样设定的：

在可转债转股期内，如果公司股票价格在一段时间内，高于设定的阈值（一般是当期转股价的130%），那么上市公司有权按照略高于可转债面值的一个约定赎回价格（一般是103元）赎回全部或者部分未转股的可转债。

这个条款的用意很明显：既然有利可图了，收益都30%以上了，赶紧转股拿收益走人，不然我们就103元收走。还是以亚泰国际的可转债来做例子，亚泰转债里对于强制赎回的说法是有条件赎回。

在本次发行的可转换公司债券转股期内，当下述两种情形的任意一种出现时，公司董事会有权决定按照债券面值加当期应计利息的价格赎回全部或部分未转股的可转换公司债券：

①在本次发行的可转换公司债券转股期内，如果公司A股股票连续30个交易日中至少有15个交易日的收盘价格不低于当期转股价格的130%（含130%）；②当本次发行的可转换公司债券未转股余额不足3 000万元时。

注意：从上面可以看到强制赎回条款跟调整转股价不同，不需要经过股东大会同意，只需要公司董事会通过后就可以实施了。一般操作是上市公司会发个公告，给大家一定的转股时间，如果过了这个时间还没转股，系统就会强制赎回，投资者只能自己吃亏。

虽然一般人肯定是不会犯这种错误的，但投资者数量太多了，每年都会有投资者因为种种原因，或者忘记了，或者不会操作之类的最终被强制赎回，白白损失了到手的收益。所以投资可转债的时候，一定要注意这一点，一旦看到强制赎回公告的时候，一定要在规定的时间内赶紧转股。

话说回来，虽然强制赎回条款看起来很吓人，但其实对于可转债投资者来说，这反而是一个超级美妙的条款，一旦上市公司启用这个条款，说明投资者的获利幅度最少已经是30%了。更美妙的是上市公司也特别欢迎，这意味着它们可以用强制的手段把大家变成股东，这个条款的公告简直是双方胜利的号角，而我们要做的就是千万不能忘记按规定赶紧转股获利。

（4）回售条款。

可转债不同于其他的债券，是因为它能转成对应的股票，上市公司是欢迎，也是希望投资者转股的，为了让投资者尽量转股，可转债赋予了上市公司一些权限，包括调低转股价和强制赎回。但如果遇到股价长期低于转股价，上市公司也没打算调低转股价，投资者该怎么办呢？只能白白被上市公司占便宜吗？不会，因为这个时候就会触发投资者的一个权利——回售条款。

回售条款是指在一定的时期内，如果股价迟迟低于转股价，投资人有权利将其持有的全部或部分可转债按面值的103%或者面值100元加当期的利息回售给上市公司。用意很明显：投资者既然低息借钱给你上市公司，是为了赚钱的，你们占了几年便宜了，该知足了，现在股价一直低于转股价，要想想办法解决了，还是举亚泰国际的例子。

在本次发行的可转换公司债券最后两个计息年度，如果公司股票在任何连续30个交易日的收盘价格低于当期转股价的70%时，可转换公司债券持有人有权将其持有的可转换公司债券全部或部分按面值加上当期应计利息的价格回售给公司。

不得不说，证监会在设计可转债这个产品的时候真是非常聪明，利益平衡得非常好。

至此可转债的几个最重要的特性咱们就学习完了，基本上可转债你也就懂了，现在咱们可以开始解答上面讲转股价时留下的一个尾巴了：可转债初始转股价格是可转债募集说明书公告日前20个交易日公司股票交易均价和前一个交易日公司股票均价二者之间的较高者。

那么，上市公司就可以这么操作：发行可转债之前拉升股价，等发行成功后立马继续放出各种利好消息刺激股价继续上涨，因为它们手握强制赎回权利，所以可以逼着投资者转股，而投资者一旦转股后，股价立马打回原形，上市公司则相当于高位增发了股票。

好在我们会想到，证监会也想到了，所以给转股设定了一个时间，一般都是可转债发行后满6个月才能转股，保护了投资者的权益。

4.如何玩转可转债，利用它赚钱

通过上面内容的学习，相信大家对可转债已经有基本的概念了，那么我们该如何玩转可转债，也就是利用可转债来赚钱呢？我总结下来大概有三种方式。

第一，熊市买可转债，持有等待牛市到来。在熊市里，可转债也是会下跌的，面值也是会跌破100元的，但因为它毕竟还是一个债券，持有到期可以收回本息，所以一般来说它会有一个极限，基本上最惨到80元就很难再跌下去了，而股票就不一定了，遇上大熊市腰斩也是非常正常的事情，碰上垃圾股，跌去90%也不是不可能的。那么，在大熊市的时候，尤其很多可转债跌破面值100元的时候，就可以考虑买可转债了，如果有90元以下的最好不过了。

基本上，只要在面值100元以下买入可转债，理论上是不会亏钱的，大不了持有到期收回本息，之前这么操作也确实不会亏钱，因为之前从来没有到期后不兑本息的。以后随着可转债发行的数量越来越多，可能慢慢会有逾期的情况发生，但相比其他债券，可转债逾期的概率还是小很多，另外买可转债的时候，注意选择一些公司基本面比较好的可转债，风险也会大大降低。所以熊市买可转债的策略依然是适用的，买入后持有等待牛市的到来就可以了。

这里可能有朋友会有疑问：熊市里买股票不一样吗？如果你有能力研究个股，对你研究的个股有信心，买股票确实是更好的选择，但一般人是不具备那种能力的，而且谁也不知道熊市什么时候会结束，而可转债由于有保底属性，无疑安全性更大。

第二，牛市里打新债。之所以让在牛市里打新债是因为债券的中签率比股票大很多，而且在牛市里中新债后赚钱概率非常大，基本上新债上市当天都会涨10%以上，甚至30%以上也很正常。不过虽然新债中签率高，但中签数量也不会很多，基本上也都是1手10张，也就是1 000元，所以，中签新债就是赚个几百元钱，不过也不错。而且如果有机构账户还可以做线下打新，中签率和数量会大大提高，但那个条件相对苛刻，具体要去咨询各自的券商，这里就不多讲了。

反正市场行情好的时候，大家大胆申购新债就是了，一般来说，市场在这个位置，新债都是可以打的，最多就是输时间，不会输钱的。对了，买可转债和打新债跟买股票和打新股是差不多的操作，都是在股票软件里输入对应代码和价格、数量就可以了。

第三，可转债套利。可转债套利至少包括两个，一是可转债处于转股期，转股价值（也就是转成股票后值多少钱）和转债价格有差价的时候可以套利。举个例子，现在一个处于转股期的可转债价格是130元，但如果转成股票卖出是140元，那么就可以买入可转债后转股卖出套利。当然了，市场非常有效，这种情况比较少，而且这个相对专业，这里就不展开了，感兴趣大家自行去了解。

另一个套利则是涨停板套利。原理是这样的，假如一只股票有重大利好，第二天肯定是一字板买不进去的。如果这个公司有对应的可转债，这个时候就可以考虑去买它的可转债了，因为可转债的走势，一般和正股是同涨同跌的，这里插一句，正股就是可转债对应的股票，另外，可转债是没有涨跌幅限制，而且是T+0交易的。当然了，实际操作起来也不容易，你想到了大家也会想到，所以一般而言第二天可转债也是高开的，甚至一下子高开很多，乱买的话也有可能变成接盘的。这个时候就要求你对这个股票的利好做评估，预期涨幅能有多少，然后再根据可转债的开盘涨幅决定追不追。可能有朋友会说：听起来也不容易。确实不容易，资本市场赚钱本来就不容易，而且套利属于可转债的高阶玩法，一般投资者就买入持有等行情来了转股就好了。

二、极简买股买基金赚钱法

投资不是越勤奋就越赚钱的，事实上对绝大多数人来说，想要赚钱都是要靠牛市的。在我们看来，投资就像种田，都是要靠天吃饭的，这一点在A股尤其明显，因为A股的周期性特别明显。

一年之计在于春，说的是种田应该春天开始谋划农耕的事情，也就是春天就要播种。同样的道理，做投资也要在正确的时点做正确的事情。农民在春天播种，那股民和基民应该在什么时候买股票和基金呢？在我看来，市场越冷清，讨论股票的人越少，基金越不好卖的时候，就是越安全的时候，也就是春天该播种的时候。市场越热闹，人声越鼎沸，就是秋天该收割的时候，不要错过播种的时点，也不要错过收获的时点，不然要不就是颗粒无收，要不就是果实烂在树上，白忙活一年，还可能亏损。

正确的时节我们知道了，接下来就是播撒什么种子的问题了。在我们看来最好的种子是大盘指数基金（场内和场外都可以），因为这个最安全，而且也相对好做一点，确定性更大。基本上只要你在市场很冷清，大家都不愿意买基金的时候，以及周边人少有人谈论股票，最好股票各种破发的时候，就可以开始买入或者定投，最终赚钱的概率会大很多。

其次是行业指数基金，尤其是一些周期性非常明显的行业，最典型的就是证券行业指数基金。在市场冷静的时候定投，然后等牛市来了，赚钱的概率也是非常大的。然后才是一些主题基金，不过主题基金的话要注意一下，要不就挑大家公认的绩优股组合，要不就是长期来看符合发展方向的一些主题基金，比如说新能源、大健康、消费升级之类的。然后就是一些公认的绩优股，它们的业绩没什么问题，却因为市场的缘故而被拉了下来，分散买入它们，等到市场大行情来到，最后赚钱的概率也是非常大的。

上面我们是通过观察身边亲友，以及基金的销售情况等方式去观察市场的冷热，应该说已经挺好用了，只是因为每个人的职业和圈子的不同，单纯靠这些比较粗糙的观察，容易出现一些误差。我们也可以使用一些具体的指标来做观察，粗糙一点儿的可以看指数，比如说最简单的就是看上证指数，一旦上证指数跌到3 000点以下，那其实就可以开始逐步地定投了，而且定投要采取越往下买得越多的方式。

再高级一点,可以使用市盈率来判断市场是被高估还是低估了。先解释一下什么是市盈率,市盈率是价格/每股盈利。你可以这么理解:你买一个股票,单靠分红,然后不考虑市场的波动,多少年可以回本。

比如市盈率10倍,就是说买了一个股票,不考虑市场价格波动,单靠分红,持有十年就可以回本。从概念来看,市盈率当然是越低越好,因为回本越快。当然了,对个股来说,就不能如此简单地说市盈率越低越好了,因为市场是有波动的,并不代表着越低就一定能赚钱。但对指数来说就是越低越好的,所以我们可以通过观察大盘的市盈率水平去判断大盘是被高估还是低估了,从而决定什么时候买,什么时候卖。

基本上,上证指数市盈率到15倍以下就可以考虑开始定投了(见下图),指数越往下越买。或者上证指数的市盈率靠近前一个市盈率底部附近,就可以逐步地买或者定投,然后靠近前一个市盈率历史顶部附近开始逐步卖。就是这么简单,只不过需要一些耐心。

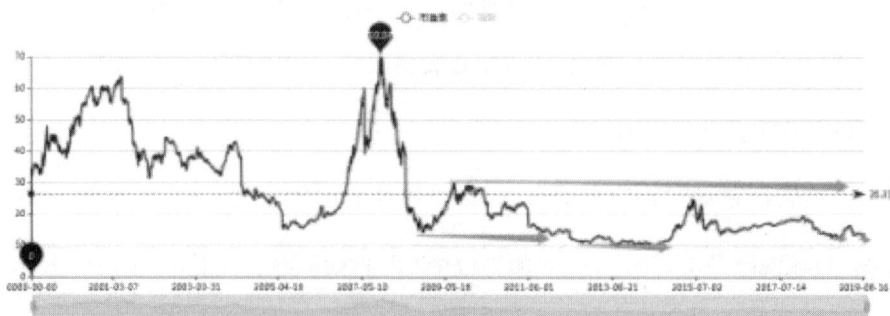

在市场不好的时候买入或定投,在市场热闹的时候离场,中间伺机做些加减仓就好,不用一直在里面折腾。就像农民种田,春天播种后,除了时不时地除草、施肥、浇水,就是等待秋天收获季节的到来了。

如果大家能根据我们的极简买基赚钱法去操作,那么投资几乎可以说肯定会赚钱,但绝大多数人是耐不住那个寂寞的,总是手痒想搞短线操作。一般来说,我们是不推荐用基金做短线的,因为基金的费用比较高,做短线不划算,而且基金多是一个集合,短线的爆发力肯定比不上股票。

不过考虑到很多基民不想炒股,而且买股票对择股能力要求比较高,所以实在想用基金做短线也是可以的。一般用基金做短线是这么操作的:先观察市场流行的风格,再去选择跟市场流行的风格相一致的基金。比如在科技股比较流行的时候,那么就可以买跟科技股相关的基金。

流程分为两步:

第一步,你必须要知道,最近市场上流行什么风格的股票,比如说哪个行业的哪种风格。这个需要大家去关注股票的行情,同时看一些分析,看看当时市场流行的是什么?这个需要相当的功底,还需要大家后续继续学习积累。

第二步,就是寻找跟市场风格相一致的基金。一般有两种方法,第一种就是搜索,比如说市场流行低市盈率的,或者是科技类的,那你就用相应的关键词去搜,看能不能搜到。如果不能的话,还可以用第二种方法,利用个股找基金。

比如说现在市场流行科技股,科技股中沪电股份涨得非常好,那么就可以通过股票软件查看市场里面有沪电股份的基金了,很多股票软件都有这个功能,见下图。

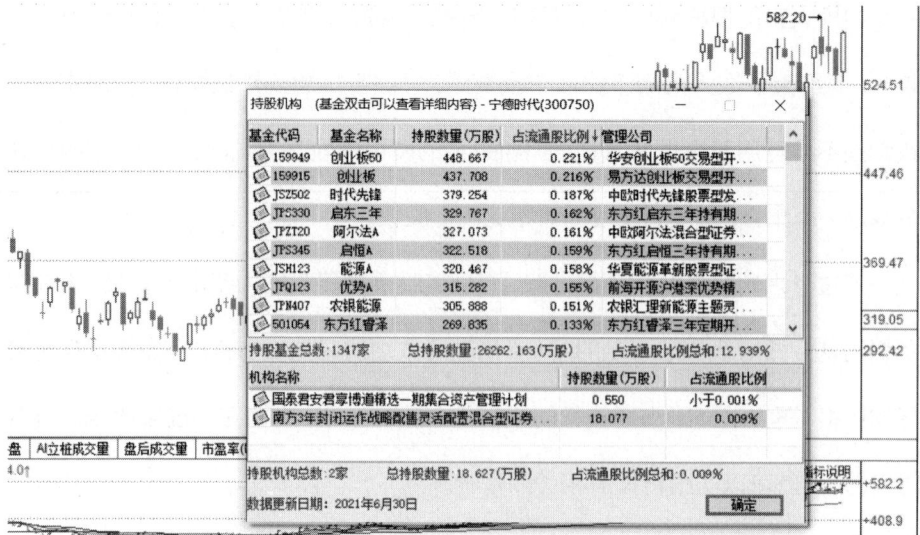

然后在股票软件或者支付宝或者天天基金网之类的平台上, 查看该基金的持仓, 跟市场流行的风格是不是相一致, 再决定是否购买。从此用基金做短线也可以很简单了。

三、一个很棒的炒股思路

很多股民穷尽一生, 每天各种忙碌, 各种研究, 进行各种技术分析, 甚至价值分析, 结果还是各种白忙活, 浪费了大量的时间、精力, 最终非但没什么收获, 反而亏损累累。或者严格来说, 他们还是收获了, 收获了炒股过程中的快乐。

我们一直认为: 很多人都是冲着赚钱的目的进的股市, 最终却沉迷于炒股的快感不可自拔, 直至最终亏损累累。其实炒股跟其他所有事情一样, 想要追求越高的收益付出的就越多, 而且难度不比做其他事情来得更简单, 甚至要难得多。之所以那么难, 咱们上面也已经详细分析了: 那么多竞争对手、那么多不确定性, 你如何保证自己跑赢别人？

但如果咱们换一个思路，追求没有那么高的收益，比如年化10%左右，那么事情会简单很多，我们"价值事务所"内部就有一个这样的组合：把资金分配在10～30个（根据资金量大小选择具体的个股数量）市场公认的绩优股上，然后中长线耐心持有。采取轮动的策略，在个股市盈率（PE）低于它的历史平均市盈率或靠近它的历史市盈率底部（这个根据市场情况，如果市场行情太差，就选择处于历史市盈率底部，如果市场整体比较强势，就平均市盈率下面即可）时将其调入组合；在个股处于历史市盈率顶部时调出，换下一个符合调入条件的标的调入。等到市场上公认的绩优股，都没有合适的调入机会了，市场也有点儿过分疯狂了，就逐步减仓，直到最后清仓。

市场公认的绩优股包括但不限于下面这些：贵州茅台、美的集团、格力电器、万科A、迈瑞医疗、恒瑞医药、海天味业、招商银行、万华化学、中国平安、复星医药、长春高新、中国国旅、长江电力、五粮液、上海机场、中信证券、伊利股份、中国工商银行、中国建设银行、汤臣倍健、中国农业银行、安琪酵母、华兰生物、爱尔眼科、温氏股份、中公教育、上港集团、涪陵榨菜、三一重工、晨光文具、海螺水泥等。

只要你能这么坚持滚动操作，加上一些耐心，相信你也可以取得不错的成绩，这个我们自己内部已经做过实验，效果很不错的。虽然目标盯着是年化10%左右，但往往都是大幅度跑赢这个目标的。

读 者 意 见 反 馈 表

亲爱的读者：

感谢您对中国铁道出版社有限公司的支持，您的建议是我们不断改进工作的信息来源，您的需求是我们不断开拓新的基础。为了更好地服务读者，出版更多的精品图书，希望您能在百忙之中抽出时间填写这份意见反馈表发给们。随书纸制表格请在填好后剪下寄到：北京市西城区右安门西街8号中国铁道出版社有限公司大众出版中心 张亚收（邮编：100054）。或者采用传真（010-63549458）方式发送。此外，读者也可以直接通过电子邮件把意见馈给我们，E-mail地址是：lampard@vip.163.com。我们将选出意见中肯的热心读者，赠送本社的其他图书作为励。同时，我们将充分考虑您的意见和建议，并尽可能地给您满意的答复。谢谢！

所购书名：_____

个人资料：

姓名：_____ 性别：_____ 年龄：_____ 文化程度：_____

职业：_____ 电话：_____ E-mail：_____

通信地址：_____ 邮编：_____

您是如何得知本书的：

□书店宣传 □网络宣传 □展会促销 □出版社图书目录 □老师指定 □杂志、报纸等的介绍 □别人推荐
□其他（请指明）

您从何处得到本书的：

□书店 □邮购 □商场、超市等卖场 □图书销售的网站 □培训学校 □其他

影响您购买本书的因素（可多选）：

□内容实用 □价格合理 □装帧设计精美 □带多媒体教学光盘 □优惠促销 □书评广告 □出版社知名度
□作者名气 □工作、生活和学习的需要 □其他

您对本书封面设计的满意程度：

□很满意 □比较满意 □一般 □不满意 □改进建议

您对本书的总体满意程度：

从文字的角度 □很满意 □比较满意 □一般 □不满意
从技术的角度 □很满意 □比较满意 □一般 □不满意

您希望书中图的比例是多少：

□少量的图片辅以大量的文字 □图文比例相当 □大量的图片辅以少量的文字

您希望本书的定价是多少：

本书最令您满意的是：

1.
2.

您在使用本书时遇到哪些困难：

1.
2.

您希望本书在哪些方面进行改进：

1.
2.

您需要购买哪些方面的图书？对我社现有图书有什么好的建议？

您更喜欢阅读哪些类型和层次的书籍（可多选）？

□入门类 □精通类 □综合类 □问答类 □图解类 □查询手册类 □实例教程类
您在学习计算机的过程中有什么困难？

您的其他要求：